**저와 함께
단주하지
않으실래요?**

저와 함께 단주하지 않으실래요?

초판 1쇄 인쇄   2023년 6월 01일
초판 1쇄 발행   2023년 6월 10일

신고번호   제313-2010-376호
등록번호   105-91-58839

지은이   이국희

발행처   보민출판사
발행인   김국환
기획   김선희
편집   이상문
디자인   김민정

ISBN   979-11-6957-051-0   03190

주소   경기도 파주시 해올로 11, 우미린더퍼스트@ 상가 2동 109호
전화   070-8615-7449
사이트   www.bominbook.com

• 가격은 뒤표지에 있으며, 파본은 구입하신 서점에서 교환해드립니다.
• 이 책은 저작권법에 의하여 보호를 받는 저작물이므로 무단 전재와 복사를 금합니다.

술을 끊고 싶은 당신을 위한 글

저와 함께 단주하지 않으실래요?

이국희 지음

단주는 님의 인생에서
최고로 훌륭하고 멋진 선택이 될 것입니다

들어가는 말

"나는 단주를 해야 하나요?"

....

혹시 이 글을 읽으시는 님께서는 딸기코 인사불성이 되어 술병을 안고 길에 쓰러져 자는 알코올중독자들이 하는 것이 단주라고 생각하고 있지 않으신가요? 술에 취해 비틀거리며 좀비처럼 거리를 활보하는 알코올 사용장애 환자들도 있지만, 어쩌면 그보다 더 많은 수의 환자들이 사회생활과 육아를 해내며 일상생활 속에서 술을 마시고 있습니다. 알코올 사용장애 환자의 대부분은 병원이 아닌, 바로 우리 주위에 있는 것입니다.

많은 사람들이 흡연으로 인한 큰 병이 생기기 전에 자신과 가족을 위해서 미리 금연을 합니다. 단주 또한 금연과 마찬가지로, 자신의 삶에서의 리스크를 제거하기 위해 또는 삶의 질을 높이기 위해 어느 누구에게나 선택지가 될 수 있습니다.

술에 들어 있는 알코올은 아무리 소량이더라도 뇌를 위축시키고,

대한민국 국민의 사망원인 1위인 암을 유발시키는 백해무익입니다. 즐겁게 분위기를 잡기 위해, 기쁜 날을 축하하기 위해, 또는 슬픔이나 분노를 달래기 위해, 스트레스를 풀기 위해, 이 모든 것들을 위해 자기 스스로 하나뿐인 자신의 몸에 들이붓고 있는 그 술에는, 의존성 약물이자 암의 원인이 되는 알코올이 들어 있는 것입니다.

- 숙취 때문에 술을 마시지 않았더라면 할 수 있었을 일들을 하지 못했던 경험은 없으십니까?
- 술을 마시고 했던 언행을 후회하는 일이 되풀이되신 경험은 없으십니까?
- 딱 한 병만 마시겠다고 생각했던 것이 두 병이 되고 세 병이 되신 경험은 없으십니까?
- 술을 마시지 않는다면 내 인생이 더 나아질 것 같다고 생각하신 경험은 없으십니까?

그렇다면 님에게도 단주라는 길이 있습니다. 단주를 할지를 결정하는 중요한 열쇠는, 알코올 사용장애인지 아닌지가 아니라 단주 후에 자신의 삶이 개선될 것인지의 여부이기 때문입니다.

앞으로 단주를 하신다면 남은 인생, 어떠한 변화가 일어날까요? 구체적으로 상상해보시기 바랍니다.

첫째, 머리통이 깨질 것 같은 구역질 나고 더러운 아침이 사라집니다. 그 대신 매일 아침이 상쾌하고 맑아질 것이며, 누구보다 일찍 하루를 열게 되실지도 모릅니다. 운동을 하든지 책을 읽든지 무엇인가를 하게 될 것입니다. 그리고 그러한 매일의 일상이 님의 삶을 바꿀 수도 있습니다.

둘째, 시간적 여유가 생겨납니다. 술을 마시던 그 많은 시간에 만약 자격증 공부를 하신다면 나중에는 다른 인생을 살게 될지도 모릅니다. 혼자서 식탁에 앉아 술을 마시던 시간을 가족들과 소통하는 시간으로 바꾼다면 가족관계가 달라질 수도 있습니다.

셋째, 경제적 여유가 생겨납니다. 지금까지의 인생에서 술값으로 날린 돈은 대충 얼마 정도이십니까? 앞으로 남은 인생에서 또 술값으로 사라져 갈 돈은 얼마 정도라고 생각하십니까? 그 돈을 가족 여행비로 쓴다면 님의 가족에게 어떤 변화가 일어날까요? 그 돈을 부모님께 용돈으로 드린다면 부모님의 생활은 어떻게 달라질까요? 그 돈을 식량이 없어 굶어 죽는 아프리카의 아이들을 위해 기부한다면, 몇 명의 목숨을 살릴 수 있을까요?

넷째, 가족들의 삶이 달라질 수 있습니다. 기쁠 때나 슬플 때, 화날 때나 스트레스 받을 때, 언제든 술이 곁에 있었습니까? 그렇다면 그 모습을 보고 자란 님의 자녀분들 또한 술 이외의 어떠한 삶의 방편이 없는 인생을 살게 될지도 모릅니다. 또한 님께서 앞으로 술을 드시지 않는다면, 배우자와의 관계는 어떻게 달라질 것이라고 생각하십니까?

단주는 단순히 술을 끊는 것이 아닙니다.

....

단주는 자신뿐만 아니라 가족의 인생까지도 바꿀 수 있는 큰 힘을 가지고 있습니다. 자신의 삶이 더욱더 의미 있는 방향으로 흘러가기를 원한다면, 그 누구에게도 단주는 선택지가 될 수 있는 것입니다.

복권에 당첨되는 것보다 더 확실히 바로 오늘부터 생활을 바꿀 수 있는 힘을 가진 것이 단주입니다.

단주로 님의 삶이 어떻게 변화할지 궁금하지 않으십니까?

- All Life No Alcohol

2023년 5월

저자 **이국희**

목차

들어가는 말 • 4

CHAPTER 1
진실

I am Alcohol (1) • 14

수명 • 17

갈림길 • 19

술이 당신에게서 가장 먼저 빼앗아가는 것 • 22

정말로 괜찮으시겠습니까? • 24

일주일 동안 고생했는데… • 26

두려워하라 • 28

한 달에 30~40 • 30

3,000,000 • 32

넌 내 꺼야 • 34

진범은 누구인가? • 36

I am Alcohol (2) • 39

오늘 하루는 오로지 나의 것입니까? • 42

세계 최고의 명약을 소개합니다 • 44

그 나쁜 놈!! • 48

네팬데스 • 51

이래라 저래라 잔소리 좀 집어치워!! • 53

단주는 전쟁입니다 • 56

술자리에서… • 59

그래두 연휴인데, 딱 한 잔만 할까? • 62

CHAPTER 2
방법

무기도 없이 전쟁터에 오셨습니까? • 66

단주 성공을 위한 방법 • 69

단주카페 출석은 단주 성공의 큰 비결 • 73

단주 성공의 열쇠는 생각이다 • 75

단주를 시작하시는 분께 • 79

삶이 달라지기를 원한다면 작은 변화를! • 83

갈망 대처법 • 86

갈망을 수치화해 보세요 • 88

반창고 있으세요? • 90

자문 • 93

끊기 위한 두 가지 방법 • 95

言い方 • 98

술 → 발암물질 • 101

목적인가 수단인가 • 103

그 기준이 도대체 뭔데? • 105

목표 있으세요? • 108

지금 님의 주위에는 있나요? • 111

음주 재발의 신호를 파악하라! • 113

비난, 비판 멈추기 • 116

좋았던 기록 • 118

편지쓰기 • 120

맞장 떠보자고?? • 122

후회 - 삶의 개선을 위한 힌트 - • 126

단주 성공을 위한 두 가지 활동 • 128

술을 참고 계십니까? • 131

붉은 제라늄 • 133

토닥토닥 • 135
너 그렇게 줏대 없는 인간이었어? • 137
단주 성공을 위해 중요한 두 가지 감정 • 139
몇 %입니까? • 141
괴로운 생각으로 힘들 때 • 143
단주 성공으로 다가가기 위한 훈련 • 146
단주는 희망인가? 절망인가? • 149
스트레스 해소방법 : 버려!! • 151
자존감 향상을 위한 한 가지 방법 • 153
긍정적인 감정을 늘리는 방법 • 155
음주 재발은 하루아침에 일어나지 않는다 • 157
상상하세요 • 160
음주도 단주도 행동이다 • 162
단주의 장벽 • 164
조절망상을 지배하는 방법 • 167
단주가 너무 힘들다면 환경을 바꾸세요 • 169
우울한 날을 내가 제일 좋아하는 날로 • 173
좋은 취미 - 요리 - • 175
왜 저에게 이렇게 잘해주세요? • 177
단주를 포기하고 싶다 하시는 분께 • 180
나는 술을 마셔도 된다? • 183
음주몽 • 185
단주는 인간관계 재정립의 기회 • 188
어떻게 하시겠습니까? • 191

CHAPTER 3
희망

천국과 지옥 • 194

꽃 • 196

두 가지 전쟁 • 198

나는 왜? • 201

님의 단주는 어떤 모습입니까? • 203

비가 내리는 날 • 205

남이 먹는 모습을 보며 군침 흘리는 당신 • 207

쓰다듬어 주세요 • 209

토요일 일과의 변화 - 단주 전과 단주 후 - • 211

알고 계셨습니까? • 214

뭐하러 힘들게 단주하려 하십니까? • 216

우리 엄마가 언제부터인가 술을 안 마신다 • 218

선택권은 나에게 있다 • 221

나에게 남겨진 시간은 얼마일까? • 224

님에게도 있습니다 • 226

오늘은 하늘을 올려다보세요 • 228

내가 못할 이유가 뭐야? • 230

단주로 본래의 나를 만날 수 있습니다 • 232

흑역사 or 기회 • 234

불씨 • 236

다 쓰지 못했습니다 • 238

맺음말 • 240

감사의 말씀 • 246

CHAPTER 1
진실

더 많은 것을 잃기 전에
정말로 되돌이킬 수 없게 되어져 버리기 전에
용기를 내시고 단주하십시오.

I am Alcohol (1)

나의 이름은 술이다.
이름은 맥, 소, 막, 와, 위, 뭐 여러 가지인데 내 본명은 술이다.
알코올이 들어 있는 거, 그거 다 나이다.

나의 목표는 오직 한 가지,
인간의 목숨이다.
가족의 삶과 어쩔 때는 목숨까지, 덤으로 딸려오기도 한다.
나의 이 목표는 한 번도 흔들린 적이 없다.

인간들은 내가 매력덩어리라는 것을 잘 알고 있다.
스트레스를 풀어주고, 없던 용기를 나게 해주고, 싫은 일을 잊게 해주기에
그들은 좀처럼 나에게서 멀어지지 못한다.

나의 가장 큰 특기는 인내심이다.

종종 나에게서 멀어지려는 인간들이 있는데,

나는 그들의 마음으로 들어가서 끊임없이 속삭인다.

'어떻게 평생 동안 한 방울도 안 마실 수가 있어?'

'그래도 한동안 단주했으니까 이제는 조금씩 마셔도 돼'

'다들 즐겁게 마시고 있잖아. 왜 나만 단주해야 돼?'

'에라 모르겠다. 그냥 마시자'

'힘들게 단주 같은 거 뭐하러 하나? 한 번뿐인 인생 그냥 즐겁게 살자'

'나는 안 돼. 또 무너졌잖아. 그냥 다 포기할래'

내가 인간들의 마음에 들어가서 이렇게 속삭이고 나면,

몇 십 년 단주했던 사람들도 결국은 나를 찾게 된다.

자신과 가족들의 삶이 아무리 망가져도 결국은 나를 찾게 되는,

나는 그 정도로 완전 매력덩어리인 것이다.

나는 술이다.

나는 해낼 것이다.

나는 할 수 있다.

인간의 목숨을… 그것도 아주 비참한 죽음으로,

나는 반드시 내 손에 넣을 것이다.

이 변함없는 목표를 위해

나는 오늘도 마음의 문을 두드릴 것이다.

당신의 마음속에 있는 그 끈질긴 단주의 동아줄을 완전히 끊어버리기 위해,

하루하루 쌓아가고 있는 단주의 돌탑을 옆날라치기로 시원하게 한방에 무너뜨리기 위해,

만리의 장벽보다 더 굳게 높이 솟은 그 놈의 단주의 성벽을 깨부수기 위해,

당신이 인생을 완전히 포기하고 오직 나 하나만 바라보며 살게 하기 위해,

나는 오늘도 한 달을 굶주린 사자처럼 당신의 약점이 무엇인지를 물색하며 귓전에서 속삭일 것이다.

"당신이 오늘 술을 마신다면, 그것은 내가 가장 원하는 바이다. 내 목표로 당신이 한 발자국 더 다가선 것이니까"

- All Life No Alcohol

수명

한국인의

기대수명 : 평균적인 생존연령

- 83세 (남자 80세, 여자 84세)

건강수명 : 병에 걸리지 않고 건강하게 살 수 있는 연령

- 73세 (남자 71세, 여자 74세)

알코올 사용장애 환자의 평균수명

- 약 50세…

누구나 맞이하게 되는 피해 갈 수 없는 죽음,
님의 생의 마지막은 어떤 모습이라고 생각되십니까?

나이는 몇 살일까요?

얼굴은 어떤 모습일까요?

몸은 어떤 상태일까요?

임종을 지키고자 곁에 있는 사람은 누구일까요?

인생에서 가장 후회되는 일은 무엇일까요?

인생에서 가장 뿌듯한 일은 무엇일까요?

생의 마지막에서 무슨 말을 남길까요?

오늘도 우리 모두에게는 단주의 기회가 주어집니다.
'나는 단주의지가 약해'라구요?

님께서 오늘 단주를 해내신다면 님의 단주의지는 100%임을 의미합니다. '나는 단주의지가 약해'라는 말은 술이라는 사악한 놈이 님의 단주를 깨기 위한 마인드 컨트롤이라는 것을 잊지 마시기 바랍니다. 외치세요!!!

"나는 단주에 성공할 수 있다"

"나의 단주의지는 100%이다"

"그 무엇도 나의 단주의지를 꺾을 수 없다"

— All Life No Alcohol

갈림길

술에 들어 있는 알코올은 발암물질입니다.

여기에서 누군가 이렇게 말씀을 하시네요.
"숯불에서 고기 구울 때 나오는 연기에도, 햄이나 소세지를 먹음 직스럽게 보이기 위해 넣는 첨가제도 발암물질인데요?!!" 라구요.

맞습니다. 고기를 구워 먹을 때도, 햄이나 소세지를 먹을 때에도 우리의 몸 속으로 발암물질이 들어갑니다. 또한 자외선, 미세먼지 모두 발암물질이 들어 있죠.

그런데요. 여기에서 한 가지 묻겠습니다. 고기를 많이 구워 먹거나 햄이나 소세지를 많이 먹으면, 혹은 햇볕을 많이 쐬거나 미세먼지를 많이 들여 마시면,

인격이 변하나요?

가족에게 폭력을 휘두르게 되나요??

인사불성이 되어 길거리에서 잠을 자게 되나요???

더 먹으면 죽는다는 소리를 의사로부터 들어도 또 먹게 되나요????

같은 발암물질이라 하더라도, 이것이 술과 다른 것들이 일획을 그어야만 하는 이유입니다. 구운 고기, 햄이나 소세지, 자외선, 미세먼지, 뭐 이런 것들하고는 비교가 안 되는 최강급 악질의 발암물질이 바로 술이란 놈입니다.

예전에 님께서 술 때문에 무언가 중요한 것을 잃으신 적이 있으십니까? 술이 없다면 님의 인생은 더 나아질 것이라고 생각하십니까?

그렇다면 망설이지 마시고 단주하세요. 이번에 딱 하루만 단주에 성공하신다면, 다음에 님은 이틀, 열흘, 한 달, 일 년을 단주할 수 있는 힘을 가지고 있다는 것을 의미합니다.

"고생해서 단주해봤자 어차피 나는 넘어질 거야"라구요?

넘어지면 어때서요? 다친 곳이 있다면 반창고를 붙이고 다시 일어서면 그만입니다. 넘어져서 무르팍에서 피가 나는데 그대로 드러

누워서 뒹굴거리게 되면, 평생 지울 수 없는 큰 흉터가 남을지 모릅니다. 그러니 넘어지셨다면 어서 일어나세요!

단주하는 길 VS 계속 마시는 길

어느 길이 님을 위한 길입니까? 한 번뿐인 인생, 남은 삶은 어떤 길을 걷고 싶으십니까? 언젠가 님께서는 지금의 그 결단을, 감사의 눈물을 흘리며 기뻐하게 될지도 모르고, 또는 피눈물을 흘리며 후회하게 될지도 모릅니다.

잊지 마세요. 단주는 님의 인생에서 최고로 훌륭하고 멋진 선택이 될 것입니다.

- All Life No Alcohol

술이 당신에게서
가장 먼저 빼앗아가는 것

님께서 술을 드실 때 가장 먼저 빼앗기는 것은
바로 시간입니다.
술은 님의 인생으로부터 '시간'을 빼앗아가는 것입니다.

지금까지의 인생에서 님은 얼마나 많은 시간을 술에 쏟으셨습니까?
만약 그 시간에 국가자격증 공부를 하셨다면, 지금 님의 인생은 어떻게 달라졌을까요?

술을 마실 때만 해당되는 이야기가 아닙니다.
술을 마시지 않는 시간에도
무엇을 마실지, 어디에서 마실지, 누구와 마실지
흘러가는 모든 시간의 중심이 술이 됩니다.

결정적으로 술은…

님의 수명에서 몇 년 혹은 몇 십 년이라는 시간을 퇴직금으로 가져갈 것입니다.

술을 마시지 않았더라면 살았을 그 수명을…

마지막 순간까지도 술에게 내어주시게 되는 것입니다.

시간은 돈으로 살 수 없습니다.

아무리 돈이 많더라도 아무리 세계적으로 명성이 있더라도

내 수명보다 "단 한 시간 만이라도 더 살고 싶다"는 것은 불가능합니다.

단주하시는 님에게는 시간이 생겼습니다.

하루 24시간, 누구에게나 같은 시간입니다.

오늘 하루, 님에게 주어진 이 시간을 어떻게 쓰시겠습니까?

- All Life No Alcohol

정말로 괜찮으시겠습니까?

언젠가 저는 오랜만에 부부싸움을 했습니다. 단주하지 않았다면 바로 맥주를 사러 달려갔었겠지만, 이제는 갈망이 1도 없었으며 술을 마시지 않았기 때문에 아이들 케어와 집안일 등 제가 하고 싶은 일을 다 해낼 수 있었습니다. 말싸움을 하는 와중에도 느낀 점은, 부부싸움을 했을 때 분노지수가 단주 전에 100이었다고 하면 단주 후는 15 정도였다는 것입니다. 단주 후에 감정의 기폭이 아주 낮아졌음을, 그리고 예전 같으면 폭발했을 상황이었음에도 제가 아주 이성적이라는 것을 다시 한 번 느꼈습니다.

많은 사람들이 술에 취해서 블랙아웃을 하고 남에게 민폐를 끼치는 것만이 술의 폐악이라고 잘못 알고 있습니다. 곱게 마시고 곱게 잠들고, 보기 싫은 주사가 없다면 술을 마시는 것이 나쁘지 않다고 생각들을 합니다.

나이가 들어가면서 누구나 어느 정도 뇌가 위축되어 가고 기억력과 학습능력이 저하됩니다. 그리고 아무리 적은 양이더라도, 술을 마시면 알코올이 뇌를 위축시킵니다. 술을 많이 마시면 마치 자동차의 엑셀을 밟은 것처럼 악화되는 속도가 빨라집니다.

술 자체에 의한 알코올중독이나 간질환의 위험이 아니더라도, 술을 계속해서 많이 마시면 나중에는 저하된 기억력과 학습능력의 영향으로 제대로 일을 하는 것조차 어려워질 수도 있다는 것을 의미합니다.

누구나 두려워하는 치매에 걸릴 확률은 술을 많이 마시지 않는 사람들에 비해 5배나 높아집니다. 지금 그 한 잔의 달콤함을 결단하고 버리지 않으신다면, 나중에 정말 내가 누구인지조차 모르게 될 수도 있다는 것입니다.

그 놈의 술 때문에 내 이름 석 자도 잊어버린 채 맞이하는 생의 마지막 순간, 그것이 바로 나의 모습이 된다면 어떠시겠습니까?

정말로 단주하지 않으셔도 괜찮으시겠습니까?
정말로… 정말로요??

- All Life No Alcohol

일주일 동안 고생했는데…

"일주일 동안 고생해서 일했는데, 금요일인 오늘 밤을 새서 일하라네요."

누가 하는 말일까요? 금요일 밤에 음주를 하는 사람의 몸이 하는 말입니다. 만약 이런 직장이 있다면, 님께서는 그곳에서 일을 하시겠습니까?

술을 마시면 우리의 몸은 알코올이라는 독을 몸밖으로 배출하기 위해 밤새 쉬지 못하게 됩니다. 일주일 동안의 수고를 위로하고 아끼지는 못할망정 독극물을 들이붓는 것, 하나뿐인 나의 몸에 너무도 가혹한 처사가 아닌지요?

제대로 챙겨 먹는 식사는 몸에 보약이 됩니다. 그리고 술에는 우리 몸에 독이 되는 알코올이 들어 있습니다. 일주일 동안 고생한 나를 위해 금요일 저녁, 님께서는 무엇을 드시겠습니까?

독약입니까? 보약입니까?

- All Life No Alcohol

두려워하라

님께서 그릴 수 있는 가장 비참한 죽음은 어떤 모습입니까?

**가족도 친구도 아무도 곁에 없이
차가운 골방에서 아니면 길에서
똥오줌, 토사물 범벅이 된 채로
알아볼 수도 없게 변해버린 얼굴과 되돌이킬 수 없는 건강상태
이제는 그 무엇도 나를 멈추게 할 수 없는 완전한 무능감
희망이라는 단어를 언제 떠올려 본지 기억도 나지 않는 절망감**

차라리 암이나 불치병에 걸리면 누군가의 위로를 받으며 눈을 감을 수 있을 텐데, 알코올 사용장애로 인한 죽음은 죽고 나서도 떠올리기조차 싫은 아픔과 고통으로 기억되는 그런 생의 마지막입니다.

'오늘까지만 마시고 내일부터 단주하자'
'이번 달까지만 마시고 다음 달부터 단주하자'

알코올 사용장애는 진행성 질환입니다. 그렇게 시간이 흐르는 사이에도 님의 뇌는 알코올에 그야말로 절여져 가는 것입니다. 그리고, 어느 순간이 되면 이제 되돌이킬 수 없게 되어버립니다.

두려워하십시오.
세상 그 누구보다 고독하고 비참한 죽음이 내 모습이 될 수도 있다는 사실을요…

더 많은 것을 잃기 전에,
정말로 되돌이킬 수 없게 되어져 버리기 전에,
용기를 내시고 단주하십시오.

- All Life No Alcohol

한 달에 30~40

"저한테 돈 좀 주세요. 하루 삼사만 원이면 돼요. 일주일에 두세 번, 한 달에 30~40만 원이면 됩니다"

"저한테 시간 좀 주세요. 하루 세네 시간이면 돼요. 일주일에 두세 번, 한 달에 30~40시간이면 됩니다"

누가 님에게 이런 요구를 한다면 들어주시겠습니까?

한 달 동안 '술'이란 놈에게 주신 돈은 얼마이십니까?
만약 그 돈을 술로 쓰지 않았다면, 님께서는 무엇을 할 수 있었을까요? 한 달이 아니라 일 년이라면요?

한 달 동안 '술'이란 놈에게 쓰신 시간은 얼마입니까? 만약 그 시간을 술로 쓰지 않았다면, 님께서는 무엇을 할 수 있었을까요? 한 달이 아니라 일 년이라면요?

단주를 시작하시는 그날부터 님에게는 시간과 돈이 생깁니다.

'단주한다면 앞으로의 님의 하루는 어떻게 바뀔까요?'
'단주한다면 앞으로의 님의 인생은 어떻게 바뀔까요?'

'단주하지 않는다면 앞으로의 님의 하루는 어떠할까요?'
'단주하지 않는다면 앞으로의 님의 인생은 어떠할까요?'

단주 VS 음주

앞으로 남은 인생 어느 쪽을 택하시겠습니까?
선택은 오로지 님의 몫입니다.

- All Life No Alcohol

3,000,000

매년
전 세계에서
유해한 음주로 인한
사망자 수는
약 3,000,000명입니다.

3,000,000명은
우리나라 광역시의 전체 인구 수와 비슷합니다.

님께서는 자신의 수명을 생각해보신 적 있으십니까?
나에게 남은 날이 몇 년, 며칠인지 생각해보신 적 있으십니까?

수많은 사람들이 아무렇지도 않게 집을 나선 그날

혹은 편안하게 잠을 든 그날
평소와 마찬가지로 식사를 하다가
삶의 최후를 맞이합니다.

만약 오늘이 내 삶의 마지막 날이라면
정말로 단주하지 않으셔도 괜찮으시겠습니까?
자신과 가족의 삶을 뒤돌아볼 때
정말로 단주하지 않으셔도 후회가 남지 않으시겠습니까?

그 누구도 님의 입에 술을 강제로 들이붓지 않습니다.
그 누구도 님의 음주 책임을 대신 져주지 않습니다.
그 누구도 님의 단주를 대신해줄 수 없습니다.

님의 단주를 가능하게 해줄 사람은 이 세상 그 누구도 아닌 바로 님 자신입니다.

- All Life No Alcohol

넌 내 꺼야

너는 내가 정한 시간에 일어나야 돼!

맑은 아침, 기분 좋은 아침, 상쾌한 아침은 결코 너의 것이 될 수 없어.

깨질 것만 같은 머리, 구역질 나는 술냄새,

그것이 나와 함께하는 너의 아침이야.

너는 내가 정한 음식을 먹어야 돼!

균형 잡힌 식단, 몸에 좋은 식단은 결코 너의 것이 될 수 없어.

기름진 음식, 자극적인 음식,

그것이 나와 함께하는 너의 음식이야.

너는 내가 정한 사람만 만나야 돼!

너를 한 인간으로서 진심으로 위해주고 아껴주는 사람은 결코 너의 것이 될 수 없어.

 마실 때만 모이고 안 마실 거면 볼 일 없는,

 그것이 나와 함께하는 너의 인간관계야.

너는 내가 정한 인생을 살아야 해!

꿈, 희망, 소소한 즐거움은 결코 너의 것이 될 수 없어.

지독한 고독, 무계획, 절망,

그것이 나와 함께하는 너의 인생이야.

너는 내가 정한 마지막을 맞이해야 해!

너가 본래 살았어야 할 수명, 누군가에게 마지막 말을 남길 기회는 결코 너의 것이 될 수 없어.

숨도 제대로 쉬지 못하고 혼자서 비참하게 맞이하는,

그것이 나와 함께하는 너의 마지막이야.

님의 하루는 진정으로 님의 것입니까?
님의 인생은 진정으로 님의 것입니까?

            - All Life No Alcohol

진범은 누구인가?

CASE 1. 월요병

그는 월요일이 일주일 중에 가장 힘든 날입니다. 아침에는 일어나기도 힘들고, 하루 종일 무기력과 우울감으로 일을 하기도 짜증납니다. 요일이 흘러갈수록 이러한 증상들은 개선되고, 마음놓고 술을 마실 수 있는 금요일 밤이 되면 날아갈 것 같습니다.

그는 알지 못합니다. 자신의 월요병의 큰 원인은 바로 하루하루를 기다리고 기다려서 마시는 '술'이 자신의 몸과 마음을 지배하고 있기 때문이라는 것을…

CASE 2. 외도

그녀는 전업주부입니다. 육아 외에는 아무것도 모르고 누가 보아도 흠잡을 데 없는 현모양처입니다. 아이가 초등학교에 들어가고 나서 아이 교육을 위해서 몇 가지 모임에 참여하게 되었습니다. 그 모임에서는 뒷풀이로 술을 마십니다. 그리고 술자리에서 알게 된 남성과 외도를 하였고 결국 가정을 잃습니다.

그녀는 알지 못합니다. 자신이 가정을 잃은 큰 원인은 바로 아이를 위해서 참여한 그 모임에서 빠뜨릴 수 없는 '술'이 자신의 이성적인 판단력을 흐리게 했기 때문이었다는 것을…

CASE 3. 스트레스

그녀는 아이들을 키우는 엄마입니다. 아이들이 싸움을 하거나 말을 안 듣는 것은 성장과정에서 당연한 일인데, 그녀는 크게 화를 냅니다. 아이들은 엄마의 눈치를 보고, 정서적 애착이 형성되지 않습니다. 엄마를 어려워하는 아이들을 보며 그녀는 자괴감과 외로움을 느낍니다.

그녀는 알지 못합니다. 자신이 아이들에게 폭발하는 큰 원인은 스트레스 해소를 위해 마시는 '술'이 스트레스에 견디는 힘을 앗아갔기 때문이라는 것을…

CASE 4. 암

그는 매일 퇴근 후에 저녁을 먹으면서 반주를 즐깁니다. 많이 마시지도 않고 정해진 양만 마십니다. 일도, 가정도 음주로 인해서 문제가 된 적은 거의 없습니다. 음주는 그의 유일한 삶의 낙입니다. 그러한 그가 어느 날 암 말기 선고를 받았습니다.

그는 알지 못합니다. 그가 암에 걸린 원인은 그가 삶의 낙이라 여기고 매일 마시던 '술'에 발암물질이 들어 있었기 때문이었다는 사실을…

너무도 많은 사람들이 지금 이 순간에도 알지 못합니다.
바로 술이 자신의 인생을 움켜쥐고 뒤흔들고 있다는 사실을…

- All Life No Alcohol

I am Alcohol (2)

나는 사람을 바꿀 수 있다.

성실한 사람을 무능력자 폐인으로,

가족을 목숨보다 아끼는 아버지를 폭력을 휘두르는 짐승으로,

따뜻하고 현명한 엄마를 아동학대의 가해자로,

나를 만나고 인생 역전된 사람들이 어마어마하다.

나는 인내심이 아주 강하다.

단주를 한다고 나에게서 멀어지려는 사람들을

나는 틈이 있을 때마다 찾아간다.

한 번 두 번에 넘어오지 않으면, 백 번 천 번이라도 찾아간다.

그들이 무너질 때까지 나는 결코 멈추지 않는다.

나는 효율성이 뛰어나다.

나는 사람들의 머릿속으로 들어가서
그 사람의 가장 취약한 포인트를 공략하여
빠른 시간에 큰 수고 없이 무너뜨린다.
무너진 그들은 한동안 혹은 영원히 나에게서 헤어나지를 못한다.

나는 한국에서 특별대접을 받는다.
한국 사회에서는 톱배우가 내 광고모델이고
광고, 드라마, 영화 어디서든 나를 선전해준다.
나는 한국에서 완전 잘 나가는 그런 존재이다.
나는 특별하고 위대하다.

그런 내가 싫어하는 사람들이 단주카페에 있다.
그들은 서로를 매일 격려, 응원하며 나에게서 벗어나자고 한다.
눈치채지 못하도록 내가 여러 가지 공작을 벌이는데도, 그들은 카페출석을 멈추지 않는다.
내가 가장 혐오하는 삶의 희망을 버리지 않는 그들이 정말로 두렵고 치가 떨린다.

나는 매일 카페회원들의 리스트를 점검한다.
오늘은 누구의 머릿속에서 속삭일 것인지,
오늘은 누구의 단주기록을 깰 것인지,
오늘은 누구를 무너뜨려 자괴감과 후회로 잠을 못 이루게 할 것인지.

잊지 말라!!

당신의 이름은 내 리스트에 들어 있다는 사실을!!

- All Life No Alcohol

오늘 하루는
오로지 나의 것입니까?

내가 일어나고자 하는 시간에 일어납니다.
내가 먹고자 하는 음식을 먹습니다.
내가 정한 시간에 집을 나섭니다.
내가 하고자 하는 일을 해냅니다.
내가 생각한 말을 내뱉습니다.
내가 옳다고 생각하는 행동을 합니다.
내가 계획한 일과를 보냅니다.
내가 잠들고자 하는 시간에 잠이 듭니다.

이 모든 것을 불가능하게 만들 수 있는 것, 그것이 바로 술입니다.

오늘 하루는 오로지 님의 것입니까? 혹시 술이란 놈에게 님의 소중한 오늘 하루를 지배당하고 계시지 않으십니까? 술이 정한 시간에 일어나고, 숙취 때문에 음식을 제대로 먹지 못하고, 술 때문에 밤 잠을 주무시지 못하고 계시지는 않으신가요?

지금 님의 인생은 진정 님의 것입니까?
님의 인생을 오로지 님의 것으로 만들기 위한 첫걸음이 바로 단주입니다.

- All Life No Alcohol

세계 최고의 명약을 소개합니다

오늘 소개해드리는 것은 세계에서 가장 유명하고 가장 많은 사람들이 복용하는 그야말로 최고의 명약입니다.

처방전, 의사의 진단, 뭐 그런 귀찮은 절차는 아무것도 필요 없습니다. 지금 집 밖으로 나가서 편의점으로만 가서도 다 놓여 있고, 인터넷으로도 아주 편리하게 사실 수 있습니다.

오늘은 특별히 님에게만 이 약의 효능효과와 공정성을 위해서 부작용까지 말씀드립니다.

첫 번째, 스트레스 받았을 때 즉각적으로 잊게 해줍니다.
단, 문제해결은 되지 않고 더 우울해지고 화나고 일을 더 그르쳐서 돌이킬 수 있는 지경이 되실 수도 있습니다.

두 번째, 부부간에 하루의 회포를 풀면서 멋진 분위기를 연출해 내실 수 있습니다.

단, 시간이 지나면 배우자에게 폭력을 휘두르거나 의처증이 되고 마지막에는 버림받으실 수도 있습니다.

세 번째, 사람들과의 시간이 즐거워질 수 있습니다.

단, 마지막에는 모두들 나를 욕하면서 떠나가거나 철저하게 혼자가 되실 수도 있습니다.

네 번째, 하루의 피로를 싹 풀어드립니다.

단, 다음날에는 노오란 위액까지 다 토하고 기어서 직장으로 나가야 하거나 아니면 무단결근을 하고 해고까지 당하게 되실 수도 있습니다.

다섯 번째, 푼돈으로 저렴하게 구매하실 수 있습니다.

단, 나중에 병원비로 수천만 원이 깨지거나 돈이 있어도 치유되지 않으실 수도 있습니다.

여섯 번째, 친구들하고 왁자지껄 우정을 확인하는 시간을 보내실 수 있습니다.

단, 그 친구들은 저승길을 함께 해주지 않을 수도 있습니다.

일곱 번째, 매일 저녁 퇴근시간이 기다려지는 설레임과 기대를

가지실 수 있습니다.

단, 매일 저녁시간이 되면 가족들은 두려움과 분노를 가지게 되실 수도 있습니다.

여덟 번째, 알딸딸하니 너무나 즐겁게 일상을 보낼 수 있습니다.

단, 수명은 짧아지실 수도 있습니다.

아홉 번째, 불우한 어린 시절을 잊을 수 있습니다.

단, 자녀분은 더 불우한 어린 시절을 보내게 될 수도 있습니다.

열 번째, 하루의 육아 스트레스를 말끔히 씻겨드립니다.

단, 자녀분도 어른이 되면 육아 스트레스를 풀기 위해 이 명약을 가장 먼저 찾게 될 수 있습니다.

아직도 소개해드리고 싶은 효능효과가 너무도 많습니다.

무엇보다 이 명약은 나라에서 공인되어 있습니다. 즉! 불법이 아닙니다!!

단, 모든 재산을 잃고 길거리에 나앉더라도, 모든 사람들로부터 버림받아도, 비참한 모습으로 죽어가더라도
나라에서는 아무 책임도 져주지 않습니다.
그 모든 책임은 오직 님 자신에게만 있습니다.

님의 가족은 왜 울고 있습니까?

님은 왜 이렇게 되어버리셨습니까?

정말 단주하지 않으셔도 좋으십니까?

- All Life No Alcohol

그 나쁜 놈!!

그 놈은 나에게서 돈을 빼앗아갑니다.
처음에는 일주일에 한두 번만, 일이만 원 정도였는데
어느새 한두 번이 세네 번이 되었고, 일이만 원이 어쩔 때는 몇 십만 원이 되었습니다.
아마 내가 그 놈을 만나지 않았더라면, 이미 집 몇 채는 샀을지도 모릅니다.

그 놈은 내 가족들 사이를 이간질합니다.
아내가 늦게 들어오면 어디서 바람을 피고 왔을지도 모른다고 그 놈이 내 귀에 속삭입니다.
식사시간이 되면 그 놈이 나만 불러내서 둘이서 놀자고 해서, 나는 가족들과 식사를 하지 못합니다.
그 놈을 만나고 나서 나는 변했습니다.

그 놈은 일터에서도 나를 바꾸었습니다.
나는 원래 근면성실하고 주어진 일을 해내려는 책임감 있는 사람이었는데,
그 놈을 만나고 나서 밥 먹듯이 무단결근을 하고, 해고당하지 않기 위해 아내에게 핑곗거리를 대게 하는 사람이 되었습니다.

그 놈은 내 목숨줄을 쥐고 있습니다.
지가 신도 아니면서, 그 놈은 평균수명까지 나를 살려두지 않을 것이라고 했습니다.
한 번뿐인 인생 신나게 즐기고, 질질 끌지 말고 빨리 같이 가자나 뭐라나…
저승길 갈 때도 친구들이 많아서 외롭지 않을 테니 걱정하지 말라고 했습니다.
참 빈틈없고 준비성 있는 놈입니다.

그 놈을 만나면 나는 속이 편합니다.
모든 것을 다 잊을 수 있거든요.
문제는 다음날 밀려오는 자괴감, 후회, 죄책감입니다.
며칠 괴롭긴 한데, 그래도 며칠이 지나면 그 놈이 또 놀자고 기다렸다는 듯이 말을 걸어옵니다.

사실은 예전에 그 놈과 한 번 헤어졌던 적도 있었는데,
그 놈이 하두 나를 사랑한다나, 내가 그립다나, 내가 필요하다나,

나밖에 없다나, 그렇게 말을 걸어와서,

그래서 다시 그 놈을 만나게 되었네요.

몇 년 동안 안 봤는데, 오랜만에 만나서 그런지 하루아침에 저는 예전보다 더 완전히 푹 그 놈에게 빠져 버렸지 뭡니까…

그 놈이 싫어하는 게 있습니다.

단주카페에 매일 들어오는 것입니다.

카페에 들어와서 글을 쓰거나 하지 않더라도, 그 놈을 비방하는 글들이 많은 카페에서 그 놈에서 떨어지라는 글들을 내가 읽는 게 그렇게 싫다네요.

뭐 죽을 때까지 오직 나만을 위해주는 이는 자기뿐이라면서요.

쓰잘데기 없이 커피도 나오지 않는 카페를 뭐하러 들락날락하냐고 나를 핀잔줍니다.

모두들 나한테 병원 입원해라, 그 놈한테서 제발 좀 떨어져라, 이래라 저래라 싫은 말만 하는데,

그 놈은 철저히 나를 사랑하고, 내가 죽을 때까지 결코 헤어지지 않을 것이라고 하더군요.

이 나쁜 놈은 누구인가요???

- All Life No Alcohol

네팬데스

'네팬데스'라는 식충식물이 있습니다. 마치 주머니처럼 생겼는데, 뚜껑과 입구 주위에 있는 꿀샘으로 벌레를 유인합니다. 달콤한 꿀 향기에 매혹된 벌레가 입구 주위까지 오기만 하면 사냥은 거의 성공입니다.

발을 내딛은 벌레는 빠지게 됩니다. 입구 안쪽은 미끄러워서 한 번 빠지면 헤어나오기는 거의 불가능합니다. 안으로 빠져버린 벌레는 소화액으로 천천히 녹아서 사라집니다.

무슨 이야기랑 비슷하죠? 바로 중독입니다. 한 번 그 단맛을 알아버리면 도저히 빠져나오기 쉽지 않은 중독이요. 그렇다고 해서 그냥 내 몸이 녹아서 없어져 버리기를 기다리시겠습니까?

님에게는 단주라는 동아줄이 드리워져 있습니다. 몸부림치면 더욱더 깊이 빠져드는 중독의 늪에 던져진 생명줄, 그것이 단주입니다. 그 동아줄을 꽉 붙잡고 어떻게든 빠져나오시기 바랍니다. 빠져나오다가 굴러떨어졌다고 해서, 그대로 두 손 두 발 다 놓아버리면 님의 몸과 마음은 서서히 녹아갑니다. 그러니 굴러떨어지면 다시 동아줄을 붙잡고 서 나오시길 바랍니다.

어느 순간이 되면 이제 그 동아줄마저 녹아 사라져 버릴지도 모릅니다. 혹은 동아줄은 여전히 드리워져 있지만, 내 몸이 녹아 사라져 없어져 버릴지도 모릅니다.

님의 앞에는 단주라는 동아줄이 내려와 있습니다. 붙잡으시겠습니까? 그냥 주저앉아서 시간이 흐르기만을 기다리시겠습니까?

- All Life No Alcohol

이래라 저래라
잔소리 좀 집어치워!!

어렸을 때 부모님으로부터 자주 들었던 말,

"책 좀 봐라"
"늦지 말아라"
"방 청소 좀 해라"

참으로 많죠.

그런데 어른이 되고 나서는 누군가로부터 잔소리를 들을 일이 별로 없어졌습니다. 왜냐하면, 잔소리를 듣는 게 참으로 싫거든요.

내가 하려고 마음먹고 있었는데도, 누가 나에게 그 일을 하라고 말하면 하고 싶었던 마음이 싹 사라집니다. 나는 어른이고 내 일은 내가 알아서 하고 싶은데, 누군가 잔소리를 하면 나도 모르게 싫은 내색이 나오고 맙니다.

잔소리를 듣기 싫은 마음, 누구로부터 지시받기 싫은 마음, 내 행동이 누군가에 의해 결정되어야 한다는 속박감, 아마도 이 글을 읽으시는 님께서도 마찬가지이실 거라고 생각됩니다. 그러한 님께서 어른이 되고 나서도, 가장 강력하게 님의 삶을 통제하며 이래라 저래라 잔소리를 가장 많이 해온 대상은 무엇입니까?

네!! 바로 술입니다.

본래는 점잖은 님에게 술은 "분위기 띄우고 오늘 그냥 불태워!!"라고 잔소리를 합니다.

본래는 성실한 님에게 술은 "까짓거 하루 결근하믄 어떠냐!! 나만 그래?!! 그냥 새벽까지 마셔!!"라고 잔소리를 합니다.

본래는 가족을 목숨보다 소중하게 생각하는 님에게 "내가 돈 벌어다 주는데 내 맘대로 하는 게 왜 나빠?!! 내가 최고야!!"라고 잔소리를 합니다.

본래는 단주를 계속하고 싶어하는 님에게 "한 번뿐인 인생인데

뭘 그렇게 고생하고 살아? 그냥 즐겁게 마시고 살자고!!"라고 잔소리를 합니다.

이래라 저래라 끊임없이 나에게 속삭이는 그 잔소리. 만약 또 들린다면 큰소리로 외치세요!!

"제발 잔소리 좀 집어치워!! 내 삶은 내 것이야!!"

- All Life No Alcohol

단주는 전쟁입니다

누군가 나와 내 가족을 노립니다.
누군가 내 재산들과 목숨까지 노립니다.
님은 어떻게 하시겠습니까?

밤이 되면 대문을 활짝 열어 놓고, 나와 내 가족, 내 목숨과 내가 가진 모든 것을 노리기 위해 무기를 가지고 있는 그 놈을, "어서 옵쑈" 하고 맛있는 음식까지 한상 차려서 웃으면서 맞이하시겠습니까?

술은 님과 님의 가족, 님의 건강과 목숨, 재산까지, 님이 가진 것을 단 하나도 빠짐없이 모두 앗아갈 때까지 결코 님을 포기하지 않을 것입니다.

지금까지 님은 술에게 무엇을 빼앗겨 오셨습니까?

앞으로 더 술에게 내어주고 싶으신 것이 아직도 남아 있으십니까?

술은 지금 이 순간도 혈안이 되어

어떻게 하면 술을 마시게 할까?
어떻게 하면 술생각이 들게 할까?
어떻게 하면 넘어뜨릴까?

오직 그것 하나만을 고민하고 님의 마음의 빈틈을 헤집고 들어가기 위해 안달법석입니다.

알코올 사용장애는 진행성 질환입니다.

님께서 아무것도 바꾸지 않으신다면 그야말로 술이 바라는 대로 님의 인생은 흘러가는 것입니다.

님 한 사람으로 끝나는 것이 아니라 님의 가족까지두요.

그래도 좋으십니까?

정말, 정말, 정말로 그래도 괜찮으십니까?

단주는 괴롭고 힘듭니다.

하지만 쉽지 않은 싸움이기에 그만큼의 댓가가 돌아옵니다.

님뿐만 아니라 님의 가족에게도 말입니다.

단주는 전쟁입니다.

정신 바짝 차리시고 단주카페의 아군들과 함께 전진합시다.

- All Life No Alcohol

술자리에서…

술자리에서 어떤 생각이 드십니까? 혹시, '다들 마시는데 나만 왜 못 마시는 거야'라는 억울함이 느껴지시나요? 그렇다면 님의 앞에서 술을 마시는 사람들에게 다음과 같이 말씀해보시기 바랍니다.

님 : 혹시 암에 걸리고 싶으세요?

주객 : 뭐라구요? 암에 걸리고 싶은 사람이 이 세상에 어딨어요?

님 : 지금 우리 앞에 음식들이 많이 놓여 있잖아요. 이 중에서 발암물질이 들어 있는 음식이 있는데 알려드릴까요?

주객 : 뭔 소리예요? 무슨 음식에 발암물질이 들어 있다는 소리예요? 그 음식이 뭔데요?

님 : 주객님이 지금 마시고 있는 술이요. 주객님이 마시는 소주는 도수가 16.8도이죠? 그 말은 주객님이 마시는 술의 16.8%가 발암물질인 알코올이라는 뜻이에요.

주객 : 아… 그거 뭐 미세먼지도 햇볕도 다 발암물질이라든데…

님 : 주객님은 미세먼지주의보 내려져 있을 때, 마스크 없이 밖에 나가서 심호흡하시나요?

주객 : 아니요.

님 : 자외선 강한 날에 선글라스를 쓰거나 썬크림을 발라보신 적은 없으신가요?

주객 : 당연히 있죠.

님 : 미세먼지도 자외선도 피하려고 노력하는데 술은 못 마셔서 난리죠. 그리고 술이 미세먼지나 햇볕하고 크게 다른 점이 있어요. 술에 들어 있는 알코올은 대마초, 아편, 헤로인 같은 의존성 약물이라는 점이요. 조금만 마셔도 알코올중독이나 뇌 위축, 간질환이 오는 사람들도 있대요.

어떠신가요? 이 대화는 사실, 님의 앞에서 술을 마시는 사람들에게 같이 단주하자고 호소하기 위해서 하는 것이 아닙니다. 술자리라는 큰 유혹에서 혹시라도 1%라도 흔들릴지도 모르는 님의 마음을 이 대화가 붙잡아줄 것이기에, 님 자신을 위한 대화가 되는 것입니다.

연말에는 특히 유혹이 많아집니다. 그 유혹에서 넘어진다면 일년 동안의 인내와 수고가 물거품이 되고, 다시 언제부터 단주가 시작될지 기약할 수도 없습니다.

술을 마시지 않을 자신이 100%이지 않다면, 술자리에는 가지 않는 것이 님의 단주를 지킬 수 있는 최선의 방법입니다. 꼭 참석해야 하는 자리이라면, 유혹이 왔을 때 어떻게 할 것인지 대처방법의 리스트를 미리 준비해서 가야 합니다.

유혹을 이겨낼 아무런 준비와 대책도 없이 술자리로 향하는 님의 그 마음은, 이미 단주가 깨져버린 것은 아닌지요?

- All Life No Alcohol

그래두 연휴인데, 딱 한 잔만 할까?

연말, 설연휴, 추석, 생일, 기념일, 셀 수 없을 정도로 우리에게는 유혹이 계속해서 찾아옵니다. 명절이 다가오는 지금 님의 머리속에, '모처럼 가족들 모이는데, 뭐 실수하겠어? 이번에만 조금 마시고 다시 단주 시작하자'라는 생각이 떠오르고 계시지는 않으신가요?

가족과의 그 소중한 시간을 누릴 수 있는 것이 바로 명절입니다. 가족이 있어도 명절을 함께 보낼 수 없는 사람들이 있습니다. 만약 암이나 불치병에 걸려서 병원에 누워 있는다면 명절에 가족들은 더욱더 나를 떠올리고 찾을 것입니다.

하지만 알코올 사용장애라면요?!

마지막에는 가족을 갈기갈기 찢어 놓고 죽고 나서도 원망하게 만드는 것이 알코올 사용장애라는 몹쓸병입니다. 정말 가볍게 한 잔 하시고, 아무 문제 없이 명절을 잘 보냈다고 하시죠. 그런데 명절이 끝난 후에는요? 가족들은 저마다의 일상으로 돌아가겠지만, 님께서는 그 가족들과 마찬가지로 아무렇지도 않은 일상을 보낼 자신이 있으신가요?

단주카페에 왜 가입하셨는지 그 이유를 다시 한 번 떠올려주시기 바랍니다. 카페에 가입했을 때 님이 가장 먼저 썼던 그 글을 다시 한 번 읽어주시기 바랍니다. 이번에 단주에 실패하신다면, 다음 명절에도 실패하실 것이고, 연말에도 또 실패하실 것입니다.

알코올 사용장애는 진행성 질환입니다. 음주와 단주의 악순환과 함께 님의 알코올 사용장애는 더욱 악화됩니다. 알코올 사용장애라는 병의 무서움을 다시 한 번 떠올리시기 바랍니다. 알코올 사용장애로 인하여 많은 사람들이 실제로 목숨을 잃고 있다는 사실을 잊지 마시기 바랍니다.

평생 동안 소중한 가족과 함께 즐거운 명절을 보내기 위해서!!
기쁜 날일수록 님의 단주를 더욱더 사수하시기를 진심으로 기원합니다.

- All Life No Alcohol

CHAPTER 2
방법

지금 당장 단주하지 못하시더라도
후회가 남지 않도록 하루하루를 개선함으로써
어쩌면 단주의 돌파구가 열릴지도 모릅니다.

무기도 없이
전쟁터에 오셨습니까?

"단주를 시작하고 싶으십니까?"
"단주를 이제 막 시작하셨습니까?"

님께서는 단주를 성공시키기 위한 계획과 전략을 가지고 계신가요?

'그냥 참고 안 마시면 되는 거지 무신 계획과 전략??'

혹시 지금 이런 생각이 드셨나요?

만약 그러하시다면, 무기도 없이 전쟁터에 나오신 것과 다를 바가 없습니다.

무기는 육공해, 참으로 다양합니다.

적에게 나의 약점을 잡히지 않으면서, 동시에 적의 약점을 공략하기 위해 효율적으로 많은 무기를 잘 사용해야 전쟁에서 승리할 수 있습니다.

단주는 전쟁입니다.

술이라는 놈은 님의 약점을 님 자신보다 더 잘 알고 있으며, 절대로 단주에 성공할 수 없도록 공들여 쌓아 놓은 단주의 성탑을 무너뜨리기 위해, 밤이든 낮이든 가리지 않고 시각, 후각, 청각, 생각까지 모든 수단을 동원해 공격해올 것입니다.

놈은 강적입니다.

놈에게 당하지 않으려면 대비해야 합니다.

1. 집에서 혼술을 할 때 꼭 사용하는 술잔을 버리셨나요?
2. 단주 성공을 위해서 만나지 말아야 할 사람들의 리스트를 만드셨나요?
3. 단주를 성공으로 이끌기 위해 가까이해야 할 사람들의 리스트를 만드셨나요?
4. 회식자리에서 사람들에게 술을 마시지 않는 이유로 말할 멘트를 생각해두셨나요?
5. 밤에 갈망이 밀려올 때 어떻게 이겨낼지 그 방법들을 생각해두셨나요?
6. 단주를 포기하고 싶어질 때 자신에게 들려줄 말들을 적어두셨

나요?

   7. 술을 마시던 시간에 앞으로는 무엇을 할 것인지 생각해두셨나요?

   8. 단주 성공을 위해 도움이 될 카페의 글들을 읽고 계신가요?

   9. 단주 성공을 유지하기 위한 방법들을 생각해두셨나요?

   10. 가장 큰 유혹이 될 상황을 이겨내기 위한 비상대책들을 생각해두셨나요?

   앞으로 단주를 하려고 하시거나, 혹은 단주가 무너지셨다면,
   지금 님께서 가지고 계신 단주계획과 전략은 어떠한 것인지 점검하시기 바랍니다.

   다양한 무기와 뛰어난 전략이 있다면, 그 전쟁은 승리할 가능성이 높습니다.

- All Life No Alcohol

단주 성공을 위한 방법

1. 하루의 시간표를 짜세요

단주에 성공하기 위해서 매우 중요한 것이 하루의 시간표입니다. 특히 단주 초기에는 금단현상으로 불면이 올 수 있기 때문에 밤 시간을 어떻게 극복할 것인지가 단주 성공의 열쇠를 쥐고 있다고 해도 과언이 아닐 것입니다.

밤에 잠이 잘 오도록 하루 종일 몸을 움직이고 활동을 하거나 인터넷 강의, 홈트, 무엇이든 좋습니다. 무엇을 할 것인지 미리 정해두시기 바랍니다. 아무것도 할 일이 없는 무료함은 큰 음주요인이기 때문입니다.

시간표대로 움직이기 힘들 경우, 해야 할 일을 'to do list'로 정해서 해냈는지의 여부를 매일 체크하는 것도 효과적입니다.

2. 유혹에 대비하세요

지금 님의 인간관계를 둘러보시기 바랍니다. 만나는 사람들 중에 술을 마시지 않는 사람이 있으신가요? 술을 마실 때만 만나는 사람들은 아마도 알코올 사용장애로 일찍 죽어서 저세상 갈 때 저승길 동무는 되어줄 수 있겠지만, 지금 님의 인생에는 그들이 어떻게 도움이 되고 있나요? 단주를 하기 위해서는 술친구들을 정리하셔야 합니다.

만약에 님이 혼술을 즐기시는 분이라면 술을 살 돈을 지니지 않고 외출하거나 유혹이 생겼을 때 카페에 글을 올리거나 자신의 단주를 도와줄 수 있는 사람을 찾는 것도 방법이 될 수 있습니다.

그리고 집에서 술을 생각나게 하는 것들을 단호하게 정리하시기 바랍니다. 담금주를 포함한 모든 술과 술잔을 버리고, 평소에 술을 마실 때 같이 먹던 안주는 구입하지 않는 편이 좋습니다.

회사의 회식이나 모임에서 술자리가 있다면, 어떻게 술을 거절할 것인지 미리 멘트를 준비하셔야 합니다. "가족이 아프다, 약을 먹고 있다, 내일 건강검진이 있다, 차를 가지고 왔다" 등입니다.

3. 음주 중심의 사고를 깨부수세요

알코올 사용장애가 진행될수록 모든 생각이 음주를 미화하고 합리화시키는 음주 중심의 사고로 굳어집니다. 행동은 생각에 따라서 결정되기에, 음주 중심의 생각을 바꾸면 단주가 가능해질 수 있습니다.

음주 중심의 사고를 깨부수는 방법의 중요한 포인트는 글로 적어서 자신의 생각을 정리하고 객관적으로 평가하며 눈과 뇌로 읽고 새기는 것입니다. 적어 놓은 글들은 단주의지가 약해질 때 자신을 붙잡아줄 큰 힘이 될 수도 있습니다. 그렇다면 음주 중심의 사고는 어떻게 해서 깨부술까요?

① 이대로 음주를 계속할 경우와 단주할 경우 나의 10년 후, 20년 후의 모습
② 음주가 나에게 주는 손해와 이익
③ 내 머릿속에 떠오르는 음주를 합리화하는 생각과 그것들에 대항하는 단주의지의 생각

이상의 3가지를 매일 글로 적어보시기 바랍니다.

4. 단주카페에 매일 출석체크를 하세요
자신과 같은 목표를 가진 사람들이 모여 있는 단주카페에 출석체크를 하게 되면 단주의지를 매일 되새길 수 있을 뿐 아니라, 음주 유혹에 대비하는 데에도 도움이 될 수 있습니다.

단주에 성공한 분들의 글을 읽으면서 단주 성공의 힌트를 얻을

수 있으며, 단주에 실패한 분들의 글을 읽으면서 단주에 왜 실패하게 되는지도 알고 대비할 수 있습니다.

이 외에도 병원이나 단주회(AA)도 도움이 될 수 있습니다. 단주 성공을 위해 방법을 가리지 마시기 바랍니다. 단주는 인생의 그 어떤 미션보다도 도전할 가치가 있습니다.

- All Life No Alcohol

단주카페 출석은
단주 성공의 큰 비결

　우리의 주변에는 유혹이 넘쳐납니다. TV를 틀기만 해도 음주 장면이 넘쳐나고, 집에서 한 발자국을 나가기만 하면 누구나 술을 살 수 있습니다. 우리는 그야말로 유혹 속에서 살고 있는 것입니다.

　알코올 사용장애로부터 회복되기 위해서는 AA 등의 자조모임에 참가하는 것이 효과적이라고 알려져 있습니다만, 이러한 모임에 선뜻 발을 옮기는 것은 쉽지 않습니다. 하지만 비슷한 효과를 노려서 지금 당장 해볼 수 있는 방법이 있습니다. 그것은 단주카페에 출석을 하는 것입니다.

　술이 없는 곳, 유혹이 없는 곳, 24시간 풀가동되는 곳, 속마음을 털어 놓을 수 있는 곳, 악의와 선입견 없이 내 이야기를 들어주는 곳, 바로 그곳이 단주카페입니다.

세상 사람들은 술을 마시자고 떠들지만 단주카페에서는 술을 끊자고 떠듭니다.

세상 사람들은 '한 번뿐인 인생 즐기면서 살자'고 말하지만, 단주카페에서는 하나뿐인 목숨을 실제로 잃은 사람들을 목격할 수 있습니다.

단주하고 싶은 마음은 있지만 단주에 성공하지 못하시거나, 단주가 무너지고 다시 음주가 재발하셨다면, 님은 술에 마인트 컨트롤 되어 있으실지도 모릅니다. 그 나쁜 주문에서 풀려나기 위해서는 단주책을 읽고, 나의 삶에 가장 큰 악영향을 주는 술의 정체를 제대로 알고, 술을 끊자고 이구동성으로 말하는 사람들이 있는 단주카페에 매일 들리셔야 합니다.

님의 인생에서 만약 술이 없었다면, 님의 삶은 지금 어떻게 달라져 있을 것이라고 생각하십니까? 단주를 위해서 쏟는 그 어떤 인내와 수고도, 술로 모든 것을 잃고서 감당해야 하는 그 처절한 비참함의 고통에 비한다면 아무것도 아닙니다.

- All Life No Alcohol

단주 성공의 열쇠는 생각이다

1. 님은 왜 술을 드시나요?
2. 님은 왜 단주에 성공할 수 있으셨나요?

갈망, 금단현상의 두려움, 굳센 의지, 이런 복잡한 것들이 아니고 1, 2번의 공통된 정답은 바로 [생각]입니다.

고깃집에 가서 고기 구워서 드셔보신 적 있으신가요? 까맣게 탄 고기는 보통 어떻게 하십니까? 안 먹습니다. 안 먹는 이유는 무엇인가요? 사실 까맣게 탄 고기를 먹는다고 해도 우리 몸에 영향은 거의 없습니다. 그런데도 조금이라도 까맣게 탄 부분을 정성스럽게 가위로 잘라내어 고기를 먹는 이유는 탄 부분이 몸에 좋지 않을 것이라는 생각 때문입니다. 우리가 술을 마시거나 단주를 하는 데에도 이와 마찬가지로 그 근본에는 생각이 존재합니다.

상황 : TV에서 항상 내가 마시는 맥주의 광고가 나옴

생각 (1)

'아 맛있겠다. 딱 오늘 하루만 마셔 버리자. 카페 사람들이 내가 마시든 안 마시든 어떻게 알아. 그냥 안 마신 척하면 되는 거야. 아니면 그냥 카페 활동 그만해버리면 되는 거지. 어차피 사람들은 금방 나를 잊을 거야'

생각 (2)

'아 시원해 보인다. 그래, 예전에는 TV에서 광고 보면 바로 맥주 사와서 마셨지. 그리고 내가 술을 마신다고 해도 카페 사람들이 알 수는 없어. 그치만 내 자신은 어떻게 속여? 오늘 마시면 분명 나는 다음에 또 마시게 될 거야. 술을 마시면 또 잠을 한숨도 못 자고 후회, 죄책감, 자괴감에 시달리겠지. 그리고 이 딱 한 잔으로 내 단주 기록이 끊기는 거야'

같은 상황이지만 두 가지의 다른 생각이 듭니다. 생각은 우리의 행동을 결정합니다. 생각 (1)에 따른다면, 술을 사러 나갈 것입니다. 생각 (2)에 따른다면, TV 채널을 돌리거나 단주카페를 방문할 것입니다.

단주에 성공하기 위해서, 그리고 성공한 그 단주를 유지하기 위해서는 생각을 검토해야 합니다. 여기서 생각을 검토하기 위해 효과적인 방법은 글로 적는 것입니다. 자신이 술을 마시기 전에 주로 무슨 생각을 하는지, 단주하고 있으면서도 술의 유혹이 찾아왔을 때 자신에게 무슨 생각이 났는지 음주 충동을 글로 적는다면 음주의 위험요소도 확실해질 수 있습니다.

음주 충동의 생각을 적었다면, 그 다음은 이를 반박하는 단주의지의 생각을 적습니다. 위에서의 예로 들자면 음주 충동은 생각 (1)이고, 단주의지는 생각 (2)입니다.

카페에 자신의 생각을 글로 올린다면 더욱 효과적일 수 있습니다. 다른 분들의 조언을 얻으면서 자신에게 나타나는 음주 충동을 객관적으로 검토할 수 있고, 나아가서는 음주 재발을 예방할 수도 있습니다.

단주에 실패하신 분들께서는 재음주하기 전에 음주를 합리화하는 생각이 다시 살아납니다. 이 생각을 단주의지의 생각으로서 대항하여 깨부수지 않는다면, 단주 실패로 이어지게 되는 것입니다.

혹시 님께서는 예전에 아주 힘든 상황에서 생각을 바꾸어서 그 난관을 극복했던 경험을 가지고 있지 않으신가요? 생각을 바꾼다면 그리도 어려웠던 단주가 쉬워질 수도 있습니다.

술을 마시는 사람들을 보면 '부럽다, 나만 억울하게 왜 못 마시는 거야? 오늘 딱 하루 마신다고 죽겠어?'라는 생각이 드시나요? 그 음주 충동을 깨부순다면 '안타깝다. 술 안에 발암물질인 알코올이 들어 있는데, 아마도 저 사람들은 그걸 모르고 즐겁게 마시고 있는 거겠지. 아니 겉으로 보기에는 즐거워 보여도 저 사람들 중에 술로 이미 인생이 망가져 가고 있는 사람들이 있을 거야' 이렇게 변하실 것입니다.

단주에 성공하고, 또 그 성공을 유지하는 열쇠, 모두 자신의 생각을 어떻게 지배하느냐에 달려 있습니다. 지금 이 글을 읽고 계신 님께서는 무슨 생각을 하고 계십니까?

- All Life No Alcohol

단주를 시작하시는 분께

단주카페에 가입은 했지만 단주를 시도할 엄두조차 나지 않거나, 혹은 단주를 하고 있지만 하루하루 술을 참는 것이 너무도 괴로운 분들께서 계실 것이라 생각됩니다.

지금 당장 단주에 성공하지 못하더라도, 단주 성공으로 가까워지기 위한 방법이 있습니다. 바로 음주요소를 제거해 나가고, 단주요소를 늘려가는 것입니다. 우선은 연필과 백지를 준비하시고, 다음의 순서를 따라 적어 나가시기 바랍니다.

1. 음주요소를 적어내기

음주요소는 술을 마시게 만들거나, 단주를 깰 위험성이 있는 것들입니다. 님에게 음주요소는 어떠한 것들입니까? 예를 들면 다음과 같습니다.

배화외피(배고픔, 화남, 외로움, 피곤함)

퇴근길에 술집 앞을 지나는 것

술친구들과 연락을 하는 것

외로움이나 불안에 휩싸인 채로 있는 것

스트레스를 풀지 않는 것

식사를 거르는 것

병원에 가지 않는 것

약을 안 챙겨 먹는 것

단주카페에 들리지 않는 것

술자리에 가는 것

술 마실 때 들었던 음악을 듣는 것

술 마실 때 즐겨 보는 드라마나 영화를 보는 것

2. 적어낸 음주요소 중에 빠른 시일 내에 제거할 수 있는 요소를 체크하기

예를 들어 님께서 술을 드실 때 항상 넷플릭스로 영화나 드라마를 즐겨 보신다면, 넷플릭스를 끊는 것이 음주요소를 제거할 수 있는 방법입니다. 포인트는 지금 당장 아니면 수일 이내에 실행 가능한 것이어야 한다는 것입니다. 그 일을 언제 어떤 방법으로 실행할 것인지에 대해서도 구체적으로 종이에 적어내시기 바랍니다.

3. 단주요소를 적어내기

단주요소는 단주 성공에 도움이 될 수 있는 것들입니다. 혹시 예전에 단주에 성공하신 적이 있으시다면 당시의 기억을 떠올리시기 바랍니다. 이미 실행해본 경험이 있는 방법들이 향후에도 유용할 가능성이 높습니다. 예를 들면 다음과 같은 것들입니다.

- **매일 단주카페에 들려 출석체크를 하는 것**
- **매일 단주카페에 들려 글을 읽는 것**
- **술을 마시지 않는 친구를 만나는 것**
- **식사를 제대로 챙겨 먹는 것**
- **요리를 하는 것**
- **블로그 활동을 하는 것**
- **약을 제대로 챙겨 먹는 것**
- **병원에 가는 것**
- **심리상담을 받는 것**
- **운동을 하는 것**
- **술을 마시는 저녁시간에 학원을 등록하는 것**
- **술을 마시지 않을 만한 장소**(부모님 댁, 술을 마시지 않는 친구집, 병원, 기도원, 사찰)**에 가서 일정 기간 머무는 것**
- **애완동물을 키우는 것**
- **단주책을 읽는 것**
- **음주 횟수와 음주량을 기록하는 것**
- **종교활동을 하는 것**
- **자원봉사를 하는 것**
- **저금을 하는 것**

나를 소중히 생각해주는 사람에게 연락을 하는 것

4. 적어낸 단주요소 중에 빠른 시일 내에 실행 가능한 것을 체크하기
언제부터 어떻게 실행할 것인지 구체적인 방법도 함께 적습니다. 블로그나 카페활동, 사진 등 예전의 기록이 남아 있다면 다시 들춰보는 것도 의지를 다질 수 있는 방법입니다.

이상의 네 가지 과정입니다. '평생 동안 술을 끊어야 한다'고 생각하면 단주가 막막하고 힘들 수 있습니다. 하지만 일주일에 한 가지이더라도 음주요소를 줄이고 단주요소를 늘려간다면, 마치 물이 흐르듯 자연스럽게 단주 성공의 길로 향하게 됩니다.

지금은 평생단주를 하고 있는 저에게도 단 일주일조차 단주에 성공하지 못했던 시간들이 있었습니다.

- All Life No Alcohol

삶이 달라지기를 원한다면
작은 변화를!

알코올 사용장애는 시간과 함께 악화되는 진행성의 병입니다. 5년 전, 1년 전과 비교해서 지금 님의 삶은 어떠합니까? 지금 이대로 아무것도 바뀌지 않는다면, 앞으로 님과 가족의 삶은 어떻게 될 것이라고 생각되십니까?

알코올 사용장애로부터 회복될 수 있는 유일한 방법은 단주입니다. 하지만 알면서도 마음대로 되지 않는 것이 단주입니다.

지금 당장 단주를 하시는 것이 어려우시더라도, 단주 성공에 도움이 될지도 모르는 방법이 한 가지 있습니다. 그것은 생활에서 아주 사소하고 작은 변화를 일으키는 것입니다.

술을 마시지 않는 친구를 만나보는 것

스스로 요리를 해보는 것

하루에 소액이라도 저금을 해보는 것

매일 한 줄씩 일기를 써보는 것

매일 카페에 들려보는 것

일주일에 몇 번이라도 산책이나 운동을 시작해보는 것

자격증 강의를 등록해보는 것

건강진단을 받아보는 것

오랜만에 나를 소중히 생각해주는 그 사람에게 연락해보는 것

힘들게 살았던 곳을 방문해보는 것

식사를 챙겨 먹는 것

물을 자주 마시는 것

술 없이 행복하게 살았던 곳을 방문해보는 것

애완동물을 키워보는 것

심리상담을 받아보는 것

하루에 한 페이지라도 책을 읽는 것

자원봉사 활동을 해보는 것

일주일에 한 번 부모님께 연락드리는 것

어떤 방법이 나에게 효과적일지는, 직접 해봐야 알 수 있습니다. 지금 당장의 단주는 힘들더라도, 지금 당장 할 수 있는 사소한 일은 반드시 존재합니다. 작은 그 생활의 변화가 다른 변화를 불러일으킬 것이고, 어느새 단주에 성공하여 삶이 변화되어 있을지도 모릅니다.

님께서는 어떠한 작은 변화를 스스로의 일상에 선사하시겠습니까?

- All Life No Alcohol

갈망 대처법

갈망을 컨트롤할 수 있는가에 따라 단주 성공의 승패가 갈릴 수 있습니다. 님께서는 갈망을 정복하기 위해 어떤 계획을 가지고 계십니까?

공부하기

인터넷 강의 듣기

음식 먹기

음악 듣기

외출하기

계산하기(100에서 7을 계속해서 빼나감)

누군가와 통화하기

카페 글쓰기

카페에서 내가 예전에 썼던 글 다시 읽기

샤워하기

헬쓰장 가기

홈트하기

런닝하기

산책하기

영화 보기

드라마 보기

애완동물 만지기

술 때문에 저질렀던 실수 떠올리기

단주 전의 내 모습이 어떠했는지 떠올리기

술을 마신 다음날의 자괴감 상상하기

가족의 모습 떠올리기

술 때문에 잃은 것을 떠올리기

잠자기

갈망은 생각입니다. 마시고 싶다는 생각이 엄습해올 때, 아무것도 하지 않으면 갈망에서 벗어나기가 더욱 힘들어집니다. 자신에게 유용할 것이라고 생각되는 것들을 미리 체크해두시고, 갈망이 올 때 하나하나씩 실행해보시면서 어떤 방법이 나에게 가장 효과가 있는지 찾아내시기 바랍니다.

갈망을 정복하면 평온단주가 시작됩니다.

- All Life No Alcohol

갈망을 수치화해 보세요

단주를 시작하시는 분들께서 특히 힘들어하시는 것이 갈망입니다. 갈망 때문에 힘드신가요? 그렇다면 갈망을 수치화해 보세요.

0점	전혀 마시고 싶은 생각 없음
10점	지금 당장 마셔야겠음

위와 같이 점수를 매기면서 자신의 갈망이 어떻게 변하는지 모니터링하는 것입니다. 다음의 두 가지 방법이 있습니다.

1. 매시간마다 점수 매기기
2. 갈망이 있을 때만 수치화하면서, 갈망이 나타나서 사라질 때까지 걸린 시간과 점수를 적어내기

단주를 하시는 분들 누구나 언제 또 갈망이 자신을 습격할지 모른다는 불안감이 있으실 것입니다. 하지만, 갈망을 수치화하면 자신에게서 갈망이 나타나는 원인을 알 수 있기에 대비할 수 있으며, 또한 갈망은 계속되는 것이 아니라 일시적이고 곧 사라진다는 것을 눈으로 확인할 수 있으실 것입니다.

갈망을 정복한다면 술시가 두렵지 않습니다.

- All Life No Alcohol

반창고 있으세요?

길을 걷다 넘어져서 무릎에서 피가 납니다. 어떻게 하십니까? 약을 가져와서 상처를 소독하고 약을 바른 후 반창고를 붙이겠지요. 지극히 당연한 이야기입니다.

그렇다면 마음의 상처는 어떻게 하고 계신가요?

중독을 설명하는 이론 중에 '중독이란 견디기 힘든 정신적 고통으로부터 벗어나고 자신을 치유하기 위한 하나의 수단'이라는 자기치유설이 있습니다.

자기치유설에서 생각해볼 때, 단주란 지금까지 우울, 불안, 긴장, 스트레스 등의 수많은 정신적 고통을 해소하기 위한 가장 빠르고 편리한 방법이었던 자기치유의 수단을 버린다는 것을 의미합니다.

그렇기 때문에 단주 성공을 위해 중요한 것은 새로운 자기치유의 수단을 발견하느냐의 여부입니다.

자기치유의 수단… 어려운 단어이지만 사실은 거창하지 않습니다. 내가 무엇을 했을 때 위로가 되거나 마음이 평안해진다면, 그것이 바로 나의 자기치유 수단이 될 수 있습니다.

저의 경우 술을 가장 많이 마셨던 시절, 산속으로 캠핑을 자주 갔습니다. 아무것도 하지 않고 그냥 의자에 걸터앉아 새소리를 들으며 바람을 느끼며 심호흡을 할 때 저는 정말로 숨이 쉬어졌습니다. 당시에 캠핑은 술 이외에 제 마음을 치유할 수 있는 유일한 수단이었습니다.

지금 저희 집에는 제 눈이 가는 모든 곳에 식물이 있습니다. 관엽식물, 제라늄, 베고니아는 일 년 내내 생기와 화사함을 줍니다. 무화과나무는 이파리만 스쳐도 향이 배어 나와 고향집에 가 있는 듯한 기분이 됩니다. 귤나무는 꽃이 피고 열매가 되어가는 과정이 봄, 여름, 가을 모두 저를 즐겁게 해줍니다. 이 모든 것들이 저의 정신에는 약이 되고, 위안이 되는 것입니다.

님께서는 어떠한 자기치유 수단을 가지고 계십니까?

음주를 대체할 자기치유 수단을 찾지 않는다면, 단주 실패의 원

인이 될 수 있습니다. 반대로, 자신에게 효과적인 자기치유 수단을 발견하신다면 단주는 쉬워질 수도 있습니다.

- All Life No Alcohol

자문

마음이 힘들 때 누군가의 친절함은 큰 위로가 됩니다. 특히 나와는 아무런 상관도 없는 타인으로부터의 친절의 경우 더욱 그러합니다. 어디에 사는 누구인지 결코 알 길이 없지만, 그 선행은 영원히 마음속에 따뜻함으로 자리 잡습니다.

'나는 어떤 사람인가?'라고 자문해보신 적 있으신가요?
오랫동안 술 문제를 가지고 계신 분들께서는, 평소에 어떤 말들을 들으실까요?

"그러고도 너가 인간이냐?"
"의지가 약해"
"그럼 그렇지. 또 마실 줄 알았어"
"그까짓 거 안 마시면 그만인데, 그걸 못하나?"

"차라리 그냥 빨리 없어져 버려"
"어디 바닥까지 떨어져 봐"

이런 말들은 어쩌면 핏줄인 가족으로부터 평소에 듣는 말일지도 모릅니다. 가까운 사람들로부터 듣는 이러한 말들은 계속 귓전에서 맴돌 것이고, '나는 나쁜 사람이야'라고 이내 스스로를 낙인찍게 될 것입니다. 그렇다면 혹시 님께서 술을 끊으심으로 많은 사람의 목숨을 구할 수 있다면 어떻게 하시겠습니까? 즉, 매일 쓰시는 그 술값을, 예를 들어 아프리카에서 식량이 없어 죽어가는 아이들을 위해 쓰신다면요? 남의 목숨을 살리는 이는 어떤 사람입니까? 나쁜 사람입니까?

단주를 하면 돈이 생깁니다. 술값으로 사라져야 할 돈이 그대로 남아 있으니 돈이 쌓이게 되는 것입니다. 님께서 단주하심으로서 발생하는 그 금전적 이득을 무언가 의미 있는 곳에 써보시기 바랍니다. 님의 단주 성공과 또 그 유지를 위한 원동력이 될 수 있습니다.

술을 마시는 님은 어떤 사람입니까?
단주하는 님은 어떤 사람입니까??
님께서 원하시는 자신은 어떤 사람입니까???

- All Life No Alcohol

끊기 위한 두 가지 방법

 단주 후 달라진 점 중 하나가 집밥이 늘었다는 것입니다. 외식, 마트음식이 거의 사라졌습니다. 기름이 튀는 게 싫어서 그냥 사먹고 말았던 튀김도 만들고, 생선 손질하는 게 귀찮아서 일절 안 했던 매운탕도 자주 해서 먹습니다. 제가 단주함으로 인해서 가족들이 먹는 음식이 바뀌었습니다.

 저희 남편은 한 잔만 마셔도 얼굴이 벌게지는 술이 체질적으로 안 받는 사람입니다. 하지만 회식이 있을 때는 몇 잔 마시고 들어옵니다. 저의 단주를 계기로 남편도 이제 술을 마시지 않게 되었고, 회식자리에서는 술 대신 음료수를 마십니다.

 저는 커피믹스를 좋아하는데, 커피믹스는 다이어트에도 건강에도 좋지 않습니다. 커피믹스를 끊으셨다는 어느 카페회원님과의 대화를 계기로 저는 이제 커피믹스 대신 아메리카노를 마십니다.

저는 아이들에게 과자를 많이 사주는 편이었습니다. 하지만 과자를 많이 먹으면 결과적으로 설탕을 과량 섭취하게 되고, 건강에도 좋지 않기 때문에 과자를 줄이고 과일을 먹기로 했습니다.

여기에서 뭔가 감을 잡으신 분 손들어 보세요!!

맞습니다. 무엇인가를 끊는 좋은 방법은 다른 것으로 바꾸는 것입니다. 단지 끊고 없애기만 한다면 그 허전함으로 상실감과 우울이 찾아올 수도 있지만, 빈자리를 다른 것으로 바꾸어서 메꾼다면 그러한 염려도 덜합니다.

님의 단주를 성공으로 이끌기 위한 방법들은 술을 다른 음료로 바꾸는 것, 술을 마시는 시간을 다른 것에 집중하는 시간으로 바꾸는 것, 술을 마시는 데 들어가던 지출을 다른 의미 있는 지출로 바꾸는 것, 술친구들을 술 안 마시는 친구들로 바꾸는 것, 술집 앞을 지나 집으로 가는 길을 술집이 없는 다른 길로 바꾸는 것 등이 될 수 있는 것입니다.

한편, 지금 당장 단주가 힘들고 번번히 단주에 실패하신다면, 단주보다 더 쉬운 다른 것을 먼저 끊어보시기 바랍니다. 다른 것을 먼저 끊어낸 그 성공 체험이 단주 또한 성공으로 이끌 가능성이 있기 때문입니다.

"에이, 술 끊는 거랑 다른 거 끊는 게 같아요?"라구요?

맞습니다. 단주가 가장 어려울 수 있죠. 아니 단주가 가장 어렵습니다. 그렇기 때문에 단주보다 더 쉬운 주제로 레벨을 낮추어서 안 좋은 것을 끊어내는 연습을 해보는 것입니다.

지금 아무것도 바꾸지 않으면, 앞으로 아무것도 바뀌지 않습니다. 지금 당장 단주에는 성공하지 못하더라도 좋지 않은 무엇인가를 바꾼다면, 님의 인생이라는 큰 배는 방향을 틀기 시작합니다. 님께서는 지금 이 순간부터 무엇을 끊어보시겠습니까?

- All Life No Alcohol

言い方

言い方는 일본어로 '말하는 방식'을 뜻합니다. '말하는 방식'은 제가 평소에 특히 아이들에게 신경 쓰는 부분입니다. 구체적으로 말하면 다음과 같이 부정적이 아니라 긍정적인 메시지를 전달하려고 한다는 것입니다.

"밥 남기지 마" → "밥 다 먹자"
"어지르지 마" → "정리하자"
"나쁜 말하지 마" → "예쁜 말하자"
"말대꾸하지 마" → "네라고 말하자"

부정적인 메시지는 아이들뿐 아니라 어른에게도 좋지 않을 수 있습니다. 다음은 단주하고자 하는 사람들이 평소에 들을 수 있는 말들입니다.

"술 좀 끊어라"
"인생 그렇게 살지 마"
"넌 진짜 구제불능이야"
"그럼 그렇지, 너 또 그럴 줄 알았어"

화살이 되어 마음에 꽂혀버린 이러한 말들은 머릿속을 맴돌며 사라지지 않을 것이고, 자기 자신으로부터도 이러한 목소리가 끊임없이 들려올 것입니다. 우울과 불안으로 이어질 것이고 단주할 자신감을 상실할 수도 있습니다. 그렇다면 다음의 메시지는 어떠한가요?

"단주하자"
"단주하면 달라질 수 있어"
"나도 예전에 무엇인가를 해낸 적이 있어"
"넘어졌지만 다시 시작하자"

같은 의미를 가진 말인데, 말하는 방식을 바꾸었을 때 이렇게도 분위기가 다를 수 있습니다. 이런 말을 듣는다면 왠지 힘이 날 것 같습니다. 긍정적인 메시지는 일상생활의 모든 부분에 적용할 수 있습니다.

"늦잠 좀 그만 자자" → "일찍 일어나자"
"게으름 피우지 말자" → "좀 더 움직이자"

"밥 거르지 말자" → "밥 잘 챙겨 먹자"
"감정소모하지 말자" → "내 자신에게 기쁜 일을 하자"

지금 이 순간부터 스스로에게 들려주는 말을 긍정적으로 바꾸어 보세요. 나에게 힘이 되거나 나에게 필요하다고 생각되는 메시지는 글로 적어서 세면대나 화장대, 컴퓨터 등 눈에 띄는 곳에 붙여두는 것도 효과적입니다.

"할 수 있어!!"
"나는 소중한 사람이야!!"
"다시 일어서자!!"
"내 인생은 내 것이야!!"
"밥 잘 챙겨 먹자"
"감사일기 쓰자"
"단주카페 출석하자"
"운동이나 산책하자"
"소소한 기쁨을 매일 누리자"

오늘 님께서는 스스로에게 어떤 메시지를 들려주시겠습니까? 어쩌면 그 한마디가 님의 단주를 넘어뜨릴 수도 있고, 또는 님의 단주를 성공으로 이끌 수도 있습니다.

- All Life No Alcohol

술 → 발암물질

"오늘 저녁 시간 있어? 발암물질 한 잔 하자!"
알코올 사용장애 중증이 되어 모든 것을 잃어도, 그 친구가 연락을 해올까요?

"오늘처럼 기쁜 날 발암물질 한 잔 안 하면 안 되지!"
오늘은 기쁜 날인데 다음날은 구역질 나는 하루가 됩니다.

"비 오는 날은 역시 파전이랑 발암물질이야"
기름기 있는 음식하고 발암물질, 건강에 환상의 궁합입니다.

"나는 발암물질 마시는 법을 아버지에게서 배웠어"
아마도 아버지는 술이 얼마나 나쁘고 위험한 것인지 모르시고 가르쳐 주셨을 겁니다.

"잠도 안 오는데, 발암물질이나 한 잔 하고 자자"
허걱. 매일 밤 마시는 그 술이 불면증의 원인인데…

"운동하고 나서 마시는 발암물질이 최고야"
건강을 위해 운동하신 거 아니셨나요? 병 주고 약 주고가 아니라 약 주고 병 주고네요.

님께서 즐겁게 들이켜는 그 술잔에 들어 있는 알코올은 발암물질입니다. 즉, 술은 발암물질입니다. 님의 머릿속에서 떠오르는 '술'이라는 단어를 '발암물질'로 바꿔보시기 바랍니다. 그래도 마시고 싶으십니까?

"잘 아는데, 쉽지 않아요…"

맞습니다. 단주는 쉽지 않습니다. 하루아침에 이루어지지 않는 것이 단주입니다. 제2의 삶을 열어주는 인생 최대의 미션인데, 너무나 간단히 해치워버리면 오히려 싱겁고 재미없죠. 부디 지금의 그 실패와 좌절을 단주 성공의 과정으로 삼으시기 바랍니다.

결단하십시오. 그리고 실행하십시오.
단주는 님의 인생에서 최고로 훌륭한 선택이 될 것입니다.

- All Life No Alcohol

목적인가 수단인가

단주는 님에게 무엇입니까?

삶이 더 이상 황폐해지지 않기 위해서,
더 이상 무언가를 잃지 않기 위해서
단주가 삶의 목적이 되어 있지는 않으십니까?

여기에서 질문을 주신 분이 계시네요.

"무슨 수를 써서라도 단주하라면서요! 단주가 삶의 목적이 되어야 하는 거 아니에요?"

그렇다면, 오직 단주만이 삶의 목적이 되어버린다면 어떤 일이 벌어질까요? 님은 오늘도 어떻게 술을 참아야 할지 아침부터 전전

긍긍하게 되실 것이고, 혹시라도 단주에 실패하게 되면 삶의 목적을 잃고 무너질지도 모릅니다. 다시 한 번 묻겠습니다.

단주는 님에게 무엇입니까?

삶이 더 나아지기 위해서,
지금까지 잃어왔던 나를 찾기 위해서,
단주가 더 나은 삶을 위한 수단이고 방편이지 않으십니까?

여기에서 질문을 또 주신 분이 계시네요.

"단주를 한다고 삶이 정말로 나아지겠어요?"

그렇다면, 단주가 더 나은 삶의 수단이 된다면 어떤 일이 벌어질까요? 님은 단주가 주는 선물을 기대하는 매일을 살게 되실 것이고, 혹시라도 단주에 실패하더라도 다시 일어서게 되실 것입니다.

님에게 있어 단주는 삶의 목적이십니까? 아니면 더 나은 삶을 위한 수단이자 방편이십니까?

- All Life No Alcohol

그 기준이 도대체 뭔데?

살다 보면 사람들과 부딪히는 일이 있습니다. 언쟁이나 싸움과 같은 물리적 충돌이라는 최악의 사태까지 가기 전, 우리는 상대방의 언행이 마음에 안 들거나 화가 나거나 하는 감정적 충돌을 경험합니다.

그리고 '상대방이 문제이다'라고 하는 이 감정적 충돌에는, 자신이 정해 놓은 자신만의 기준이 존재합니다. 그 기준에서 벗어나면, 지금까지 아무렇지도 않게 지내왔던 사람이 문제아가 되는 것입니다.

그런데 이 기준은 사람에 따라서 다릅니다. 그리고 같은 사람이라고 하더라도 이 기준은 변화합니다. 지금 내가 정해 놓은 옳고 그름의 기준이 언젠가 변할 수도 있다는 것입니다.

그렇기 때문에 누군가에게 화가 날 때 일단 멈춰서서 바라보아야 할 것은 나의 기준이 아니라 상대방의 마음입니다. 나의 불만을 입 밖에 내어 상대방을 문제아로 단정 짓기 전에, 어떤 사정, 환경, 배경이 있었기에 상대방이 그런 언행을 하기에 이르렀는지 한 번 생각해볼 필요가 있습니다. 그렇게 하면 대부분의 충돌은 피할 수 있습니다.

인간관계는 살아가는 한 반드시 따라오는 문제입니다. 자칫하면 하루아침에 몇 년 동안의 단주를 무너뜨릴 수도 있고, 오랫동안 공들여온 노력이 산산조각이 날 수도 있습니다.

가족, 직장사람, 지인, 요즘 누군가와 자꾸만 부딪히고 감정적 소모를 하고 계시지는 않으신가요? 그렇다면 다음과 같이 연습을 해보세요.

1. 내가 정해 놓은 나의 어떤 기준으로부터 상대방이 벗어나 있었는지 생각해보기

2. 상대방의 입장으로부터 완전히 지금의 상황을 바라보고, 그러한 언행에 이른 사정과 이유를 생각해보기

3. 제3자의 기준으로부터 상황을 객관적으로 바라보고 생각해보기

이러한 연습을 통해 어쩌면 오랫동안 자신을 괴롭혀온 문제해결의 실마리를 발견하고, 동시에 단주 성공의 힘이 될지도 모릅니다.

- All Life No Alcohol

목표 있으세요?

님의 단주에는 목표와 계획이 있으십니까?

"나 오늘부터 단주해. 그냥 안 마시면 되는 거지. 의지로 참으면 되는 거야"라는 단주를 하고 계시지는 않으신가요? 아무 전략이 없이, 그저 술을 참기만 하는 단주는 하루하루가 고통스럽고, 다가오는 내일이 두려울 것입니다. 그리고 결국에는 얼마 가지 못하게 될지도 모릅니다.

목표를 달성하고자 한다면,

1. 목표를 대목표와 소목표로 나누시기 바랍니다

대목표는 가장 궁극적이고 최종적 목표, 그리고 소목표는 대목표를 달성하는 데에 도움이 되고, 현실적으로 내가 쉽게 달성 가능한 작은 목표입니다. '단주'는 대목표가 되는 것입니다.

2. 대목표 달성을 위해 도움이 되는 소목표 리스트를 작성합니다

소목표 리스트 작성을 위해서 유용한 것은 단주카페 회원님들께서 써놓으신 글들입니다. 많은 단주 선배님들이 자신의 단주 비결을 글로 남겨 놓으셨으니, 일단은 정보를 수집하신 후에 리스트를 작성하신다면 시간도 노력도 더욱 효율적입니다.

3. 작성한 소목표 리스트 중에서 내가 가능한 빠른 시일 내에 실행할 수 있는 것들을 나의 목표로 설정합니다

예를 들어, "오늘 밤부터 단주하기"라는 대목표가 아니라 "오늘 밤부터 술시가 되기 전에 저녁을 든든히 챙겨먹기"라는 소목표로 님의 목표를 바꾸는 것입니다.

목표를 가지고 있는지 없는지에 따라 행동은 달라집니다. 목표를 완전히 달성하지 못한다 하더라도, 목표를 가지고 있는 사람과 없는 사람의 결과는 차이가 납니다.

님께서 지금은 매일 몇 병씩 술을 드시고 있다 하시더라도, 소목표를 달성하여 음주량과 음주 횟수가 줄어든다면, 그 소목표의 달성은 단주라는 대목표의 달성에 있어서도 효과적일 수 있음을 의미합니다.

단주에 성공하고 싶으신가요?

매일 겨우 성공하고 있는 단주가 고통스럽고 힘드신가요?

그렇다면 님의 목표를 다시 검토하시고 계획, 전략을 세우시기 바랍니다. 목표, 계획, 전략, 이 세 가지가 갖추어진다면 단주 성공의 확률은 높아집니다.

- All Life No Alcohol

지금 님의 주위에는 있나요?

지금 주위를 둘러보세요. 볼 때마다 기분이 좋아지는 무엇인가, 눈에 띄시나요?

저는 베고니아 줄기를 잘라서 작은 유리병에 담아 싱크대 주위에 둡니다. 얼마 지나면 줄기에서 새 뿌리가 나고, 화분에 옮겨 심지요. 설거지를 하면서 바라보아도 기분이 좋고, 새 화분이 늘어날 것을 생각하면 기대도 됩니다.

가족사진
가족으로부터의 편지
힘이 되는 말씀구절
빛나던 시절의 내 사진
합격증, 자격증

화초

애완동물

님께서 생활하시는 집과 일터에 바라볼 때마다 기분이 좋아지는 그 무엇인가를 두어보세요. 매일 작은 기쁨을 선사하고 단주 성공의 힘이 될 것입니다.

- All Life No Alcohol

음주 재발의 신호를 파악하라!

저는 매일 커피가 나오지 않는 카페, 즉 단주카페에 들어갑니다. 회원님들과 함께 활동을 해오면서 많은 분들의 단주를 보아왔습니다. 그 중에는 음주 재발을 하시는 회원님들도 계십니다.

음주 재발은 하루아침에 일어나지 않습니다. 음주 재발하기 전에는 예전에 술을 마셨을 때의 생활패턴과 사고방식으로 돌아가게 됩니다. 음주 재발에는 준비 기간이 존재하는 것입니다.

회원님들께서 카페에 올리시는 글을 보면, '음주 재발이 멀지 않았다', '위태위태하다'라고 생각될 때가 있습니다. 왜냐하면, 지금까지 그분이 쓰신 글과 다르기 때문입니다.

매일 출석체크를 하던 사람이 출석체크를 건너뛰거나, 활기찬 글을 쓰던 사람이 힘들다는 말을 하고 우울 및 불안을 보이게 되면 대개 음주 재발의 적신호입니다.

만약 님께서 매일 카페에 글을 쓰고 계시고 음주 재발을 경험하셨다면, 음주 재발이 일어나기 전에 어떤 글들을 쓰셨는지, 그 글들은 단주를 처음 시작했을 때 쓰신 글들과 어떻게 다른지 비교해보시기 바랍니다.

왜냐하면 아마도 앞으로도 또 같은 이유로 음주 재발할 가능성이 존재하기 때문입니다. 글을 분석함으로써 자신의 취약점과 위험요인을 알 수 있고, 또한 앞으로의 음주 재발을 방지할 수 있을지도 모릅니다.

음주 재발을 하지 않았지만 위기가 있으셨던 분들도 계십니다. 단주 기간 중에 위기의 시기가 있으셨다면, 그때 어떤 글을 쓰셨는지, 그 글들은 단주 초기에 작성한 글들과 어떻게 다른지, 읽어보시고 비교하시기 바랍니다. 님께서 쓰신 글과 거기에 달린 댓글에, 위험요인뿐 아니라 어쩌면 앞으로도 유혹을 물리칠 수 있는 힌트와 비결이 숨어 있을지도 모릅니다.

글은 마음을 나타내고, 삶을 기록하는 역사입니다.

시간이 흘러 지금을 되돌아보았을 때, 지금 기록하신 그 글들

은 무엇보다 값진 보물이 될 것입니다. 또한 언젠가 흔들리고 무너져 버리고 싶을 때, 지금의 노력과 인내의 기록들은 칠흑 같은 절망의 밤바다에서 님이 타고 있는 그 배를 인도할 환한 등대가 될 것입니다.

- All Life No Alcohol

비난, 비판 멈추기

왠지 모르게 가까이 다가가고 싶은 사람이 있습니다. 그리고 왠지 모르게 말을 섞기가 꺼려지는 사람이 있습니다. 말을 섞기가 꺼려지는 대표적인 경우는 남에 대한 비판이나 비난이 많은 사람들입니다. 남에 대한 비판과 비난이 많다는 것은, 판단하고 정죄하는 '매의 눈'이 자신의 안에 존재한다는 것입니다. 그리고, 이 '매의 눈'은 다른 사람뿐 아니라 자기 자신에게도 향합니다.

"그러고도 너가 인간이냐?"
"거 봐. 그럴 줄 알았어"
"너가 바뀔 수 있다고 생각해?"
"너는 역시 구제불능이야"

자신을 향한 '매의 눈'의 목소리가 들려오면, 자존감이 떨어지고 우울감이 높아집니다. 자신감도 없어지고 일상적인 불안과 불만이 존재합니다. 그 누구도 아닌 자기 자신으로부터 들려오는 비판과 비난은 사람을 완전히 무너뜨릴 수도 있습니다. 그렇기에 남에 대한 비판과 비난을 멈추는 것은 결과적으로는 자기 자신을 위해서 유익하다고 할 수 있습니다. 그렇다면 어떻게 해서 비판과 비난을 멈출 수 있을까요? 비판과 비난을 멈추는 방법은 '입 밖에 내지 않음'입니다. 사람은 말을 내뱉기 전에 일단 생각이 드는데, 이 단계에서 스톱을 하고 말로 내뱉거나 표현하지 않는 것입니다.

'입 밖에 내지 않음'은 연습을 통해서 훈련이 가능합니다. 가장 쉬운 방법은 뉴스를 보면서 어떠한 생각이 들더라도, 아무런 말도 하지 않는 것입니다. 이 훈련을 통해서 비판, 비난의 생각이 들더라도 그것을 말로 표현하지 않게 될 수 있습니다.

단주인들에게 있어 매일 자신을 돌아보는 것은 무엇보다 중요합니다. 자신을 돌아보는 반성과 성찰, 다짐은 우리를 앞으로 나아가게 하지만, 나를 향한 비판과 비난은 자존감을 떨어뜨리고 단주할 수 있다는 자신감도 짓밟을 수 있습니다.

누군가를 향한 비판, 비난이 말로 나올 것 같아지면, '입 밖에 내지 않음'을 떠올려보시기 바랍니다.

- All Life No Alcohol

좋았던 기록

어제 님께서는 어떤 하루를 보내셨나요? 어떤 음식을 드셨고, 어떤 사람을 만났고, 어떤 생각을 하셨나요? 그 중에서 가장 맛있었던 음식은 무엇이었고, 가장 좋았던 사람은 누구였고, 가장 즐거웠던 기억은 무엇이었나요?

왠지 모를 불안으로 잠을 이루지 못하신다면, 일이 내 뜻대로 되지 않으신다면, 지금 내가 하고 있는 일들이 과연 올바른 것인지 의문이 드신다면, 이상하게도 우울하시다면, 잠들기 전에 그날 있었던 가장 좋았던 것들을 글로 기록해보세요.

사람의 기억은 잠을 자는 동안에 만들어진다고 합니다. 님께서 잠들기 전에 기록하는 긍정적인 에피소드가 님이 잠드신 동안 긍정적인 기억으로 뇌리 속에 기록될 것입니다. 다음날 일어나면 왠지 모르게 기분이 좋아질 것이고, 좋은 기록을 매일 습관화한다면 긍정적인 순환이 일상에서 만들어지게 될 것입니다.

앗!! 여기서 어느 분의 질문이 있었군요!!

"만약 그날 안 좋은 일이 있었거나, 좋은 일이 하나도 없었으면 어떻게 해요??"

그렇다면, 그런 날은 더욱더 좋았던 기록을 남기세요. 그날의 좋았던 일이 없었다면, 예전의 삶 속에서 가장 좋았던 일을 아주 생생하게 기록하는 것입니다. 몇 살 때, 누구와 함께, 어디에서, 어떤 일이 있었는지, 그때 어떤 기분이었는지, 얼마나 기쁘고 즐겁고 좋았는지를 마치 영화를 보듯 생생하게 떠올리며 적어내는 것입니다.

단주가 뜻대로 되지 않으십니까? 단 일주일 아니 단 하루도 단주하기가 힘드십니까? 그런데도 단주의 희망을 버리지 못하고 계신가요?

그렇다면 단주는 당장 힘들더라도 글을 쓰시는 것은 할 수 있지 않으실까요? 님께서 쓰시는 그 글은 님의 손과 눈, 머리, 님의 온몸이 기억하게 될 것이고, 단주 성공을 위한 양식이 될지도 모릅니다.

- All Life No Alcohol

편지쓰기

누군가에게 써보는 손편지, 언제가 마지막이셨나요? 무엇이든 기계로 다 해결되는 요즘 세상이라 좀처럼 글씨를 쓸 기회가 많지 않습니다. 예쁘지는 않지만, 손글씨는 정감이 가고 마음에 더욱더 와 닿습니다.

한편 마음을 치유할 수 있는 한 가지 방법이 될 수 있는 것이 '편지쓰기'입니다.

1. 어린 시절의 나에게 편지쓰기

외롭고 두렵고 곁에는 아무도 없으며 혼자 울고 있었던 어린 시절의 내가 아마도 님의 마음속에 존재할 것입니다. 그때 그 시절의 나에게 편지를 써보세요. 그리고 소리 내어 읽어서 스스로에게 들려주세요.

2. 용서할 수 없는 사람에게 편지쓰기

용서할 수 없는 사람이 있으신가요? 어쩌면 그 사람은 나와 아주 가까운 사람일지도 모릅니다. 화를 내고 싶어도 이미 이 세상에 없는 사람일지도 모릅니다. 그 사람에게 편지를 써보세요. 하고 싶은 말들을 모두 써내고, 마지막으로는 서랍 속에 넣어두셔도 되고 찢어버리거나 태우셔도 됩니다. 상대방이 그 편지를 받아보지 못해도 상관없습니다.

3. 지금의 나에게 편지쓰기

편지를 쓰는 님은 지금으로부터 10년 후, 또는 20년 후, 아니면 30년 후의 자신입니다. 미래의 자신으로부터 바라보는 지금의 나에게 힘이 되는 따뜻한 말을 건네주세요. 어쩌면 지금 누군가로부터 가장 듣고 싶은 위로와 격려의 말입니다.

님은 누구에게 편지를 써보시겠습니까?

- All Life No Alcohol

맞장 떠보자고??

"한 판 붙자고?"
"맞장 떠보자고?"

살다 보면 정말로 이 말이 나올 때가 있죠. 바로 분노입니다. 분노에는 강도가 있습니다. 내가 먹고 싶지 않은 메뉴가 밥상에 올라왔을 때, 아이가 말을 듣지 않을 때, 길을 걷다가 누군가와 어깨가 부딪혔을 때, 이런 상황에서의 분노는 비교적 강도가 낮을지도 모릅니다.

자존심을 짓밟는 말을 들었을 때, 운전하는데 위험하게 끼어들기를 당했을 때, 믿었던 사람에게 뒤통수를 맞았을 때, 이럴 때는 정말로 순간적으로 폭발할 것 같은 분노를 느낍니다.

단주하고자 한다면 분노를 컨트롤해야 합니다. 분노는 몇 십 년간의 단주를 하루아침에 무너뜨릴 수 있는 단주의 대적이기 때문입니다. 일상생활에서 작은 분노가 쌓여가면 언젠가 둑이 무너지듯 엄청난 분노가 폭발할 위험성이 있습니다.

그렇다면 분노가 오는 상황에서 어떻게 대처해야 할까요?

1. 아무것도 하지 마세요

분노는 이성적인 판단력을 흐립니다. 자존심 상한다고 욱하는 그 순간을 참지 못한다면, 다음날은 철창 속에서 아침을 맞아야 할 수도 있습니다. 분노한 그 자리에서는 상대방에게 말을 맞받아치는 등의 아무런 액션도 취하지 않으시는 것이 가장 최선입니다.

2. 그 장소를 떠나세요

그 장소에 그대로 머무르지 않는 것은 상황이 악화되지 않도록 하기 위해 효과적입니다. 만약 분노를 느낀 장소가 집 안의 거실이었다면, 화장실이나 베란다로 가거나, 찬바람을 쐬시기 바랍니다.

3. 심호흡하세요

장소를 바꾸셨다면 다음은 심호흡입니다. 사람은 흥분을 하면 숨이 가빠지고 동시에 얕아집니다. 4, 5초간에 걸쳐 숨을 들이쉬고, 또 4, 5초간에 걸쳐 숨을 내뱉으세요. 심호흡을 하시면 흥분된 감정이 가라앉는 데 도움이 됩니다.

4. 분노한 상황을 바라보세요

같은 상황인데 분노하는 사람이 있고, 아무렇지도 않은 사람이 있습니다. 우리가 분노하는 상황은 대개 나에게 아주 중요한 무엇인가를 의미하며, 사실 그 감정은 분노가 아니라 무력감이나 우울, 또는 불안일지도 모릅니다.

화가 날 때 대부분의 사람들은 상대방에게 원인이 있다고 생각하지만, 사실 그 분노의 원인은 내 마음속에 있다는 것을 되뇌이시기 바랍니다. 내가 분노한 진정한 이유를 스스로 바라보는 것만으로도, 분노는 사그라들 수 있습니다.

5. 믿을 만한 곳에 이야기하세요

님에게 선의를 가지고 있고, 신뢰할 수 있는 사람들에게 그 일을 말씀해보세요. 예를 들면, 단주카페입니다. 어디 가서 말하면 괜히 사람 흉보는 것 같고 뒤탈이 있을지도 모르니, 님을 항상 응원하는 사람들이 있고 익명성이 지켜지는 단주카페에서 이야기하시는 것은 좋은 방법입니다.

무엇보다 분노한 상황을 글로 작성하신다면, 글을 쓰는 작업 자체가 전후의 상황을 객관적으로 바라보고 스스로를 되돌아볼 수 있게 도울 것입니다. 아마도 글을 작성하는 도중에 '내가 왜 이런 일로 이렇게까지 화를 낸 거지?'라고 생각하시면서 쓰던 글을 지워버리실지도 모릅니다.

님의 그 모든 분노를 참지 않고 향하셔도 되는 유일한 대상은 오직 술입니다. 지금까지 님의 인생에서 가장 많은 것을 빼앗고 님의 자존심을 짓밟아온 그것이 바로 술이기 때문입니다. 술에 대한 분노를 항상 마음속에 간직하시고, 님의 마음속에서 빛나는 단주를 활활 타오르게 하기 위한 기름으로 삼으시기 바랍니다.

- All Life No Alcohol

후회
- 삶의 개선을 위한 힌트 -

 님께서는 어제 어떤 하루를 보내셨나요? 어제 아침에 일어난 순간부터 잠들기까지 되뇌어 보시기 바랍니다. 어제 하루의 일과 속에서 혹시 후회되는 일이 있으신가요? 저는 언젠가 가족들과 외출을 했을 때, 아이가 사달라고 한 것을 사주지 않았던 것이 후회가 되었습니다.

 '에이 뭐 그런 걸 가지고'라고 생각될지도 모르는 일이죠. 그런데 이 일은 저에게 다음의 생각들을 낳았습니다.

 '나는 사고 싶은 거 다 샀으면서 애가 원하는 것은 왜 안 사줘?'
 '넌 이기적인 엄마야'
 '오랜만에 외출해서 그거 사준다고 애 버릇이 나빠지는 것도 아니잖아'

'그 아무것도 아닌 상황에서 아이가 말을 안 듣는다고 순간 아이에게 화를 냈어'
'넌 아직도 멀었구나…'

사소할지도 모르는 일에 대한 후회가 나중에는 자괴감, 죄책감으로까지 이어진 것입니다. 그렇다고 후회가 나쁜 것은 아닙니다. 오히려 후회는 우리의 삶을 개선하기 위한 힌트를 가르쳐 주는 중요한 감정입니다. 어떤 상황에서 후회했는지는 사람에 따라 다릅니다. 즉, 어떤 상황에서 후회를 느꼈다면 그것은 나에게 중요한 일이고, 바꾸어야 할 필요가 있다는 것을 의미할지도 모릅니다.

어제 님의 행동 중에서 후회되는 일이 있으신가요? 그렇다면 오늘 그 행동을 바꾸어보시기 바랍니다. 그러면 그 후회가 님의 삶의 거름이 될 수 있습니다. 하지만 바꾸지 않으시면 님께서는 아마도 다음번에 또 그 행동을 하게 되실 것이고, 쌓이고 쌓인 후회들이 님의 감정을 좀먹게 될지도 모릅니다.

지금 당장 단주하지 못하시더라도, 후회가 남지 않도록 하루하루를 개선함으로써 어쩌면 단주의 돌파구가 열릴지도 모릅니다.
어제 혹시 후회되는 일은 없으십니까?

- All Life No Alcohol

단주 성공을 위한 두 가지 활동

평온한 기분은 단주를 유지할 수 있게 해주고, 기분이 좋아지면 단주를 해낼 수 있다는 자신감이 커집니다. 그리고 일이 뜻대로 되지 않거나 분노를 느끼는 등 기분이 좋지 않으면 술이 생각납니다. 기분은 단주 성공과 유지를 위해서 아주 중요한 것입니다.

님께서는 일상생활 속에서 기분을 평온하게 해줄 활동을 하고 계십니까? 예를 들면 다음의 것들입니다.

느긋하게 마시는 차 한 잔
꽃나무를 바라보고 관리하는 것
좋아하는 음악을 듣는 것
산책하는 것
애완동물과 노는 것

잠들기 전에 아이 발꼬랑내 맡는 것
요가나 명상을 하는 것
책을 읽는 것

또한 님께서는 일상생활 속에서 기분이 좋아질 수 있는 활동을 하고 계십니까? 어떤 일을 하면 기분이 좋아지십니까? 기분이 좋아지는 대표적인 활동은 다른 사람에 대한 친절입니다.

식사를 할 때 물을 따라주는 것
먼저 문을 열고 나가면서 뒷사람을 위해 문을 잡아주는 것
양보하는 것
칭찬의 말을 건네는 것
고맙다는 말을 건네는 것
응원 댓글을 다는 것
작은 선물을 보내는 것
쓰레기를 줍는 것
모금함에 소액의 기부를 하는 것

아주 사소한 일이라도 다른 사람에게 친절한 활동을 하였을 때, 사람은 자신이 유용한 존재임을 인식할 수 있게 되고 기분이 좋아집니다.

기분을 평온하게 해주는 활동과 다른 사람에 대한 친절, 이 두 가

지를 매일 해보시기 바랍니다. 단주 성공에 도움이 될 뿐 아니라 상상하지 못했던 삶의 변화가 이루어질지도 모릅니다.

- All Life No Alcohol

술을 참고 계십니까?

"님에게 단주는 무엇입니까?" 지금 자신에게 질문해보세요.

님에게 단주는,
그동안 지은 죄에 대한 형벌입니까?
술시만 되면 '오늘은 어떻게 넘기지?'라는 불안입니까?
남들이 마시는 모습을 볼 때 그저 견디어야 하는 고문입니까?
'어떻게 평생 동안 안 마실 수 있어?'라는 의문입니까?
'내 인생의 가장 큰 즐거움이 사라졌어'라는 우울입니까?

예전의 저에게도 단주는 위와 같은 의미를 가지고 있었습니다. 단주가 고통스러웠고, 술을 마시는 사람들이 부러웠으며 술을 마시지 않으면 재미가 없었습니다. 거듭되었던 단주 실패 끝에 처음으로 만난 평생단주에서 저에게는 단주에 대한 인지혁명이 일어났습니다.

저에게 단주는,
그동안 고생해온 나에 대한 보상입니다.
술시만 되면 기분 좋은 피곤함과 평온한 하루에 대한 감사가 밀려옵니다.
남들이 마시는 모습을 볼 때는 그저 안타깝습니다.
'내가 술을 왜 마셔?'라는 확신입니다.
'내 인생의 어떤 즐거움을 또 늘려갈까'라는 기대입니다.

단주와 음주에 대한 생각과 인지를 바꾼다면 단주가 쉬워질 수 있습니다. 인지를 바꾸는 방법은 글로 적는 것입니다. 음주로 내가 지금까지 잃어온 것들, 음주가 나에게 주는 손해와 이익, 단주한다면 나의 하루가 어떻게 바뀔 것인지, 단주한다면 나의 삶이 어떻게 바뀔 것인지, 중요한 것은 매일 꾸준하게 글로 적어서 그것을 눈으로 확인하는 것입니다.

오늘 적기 시작한 그 글이 님을 단주 성공의 길로 이끌고 앞으로의 인생을 바꿀 수도 있습니다.
님에게 단주는 무엇입니까?

- All Life No Alcohol

붉은 제라늄

저희 집 베란다에는 붉은 제라늄이 가득합니다. 제가 좋아하는 꽃인 제라늄, 그 중에서도 저는 붉은 제라늄을 좋아합니다. 사실 저는 제라늄을 원래 좋아하지 않았습니다. 예전에 제라늄 화분을 한 개 가지고 있었는데, 이상하게 꽃도 피우지 않고 해서 거의 방치를 하다가 지인에게 줘버렸습니다.

그런데 몇 달 후 그 지인이 저에게 사진 한 장을 보내주었습니다. 제가 버리다시피 해서 줘버린 그 화분에서 마치 무희의 치맛자락과 같이 화려하고 붉은 제라늄이 탐스러운 꽃을 피운 사진이었습니다.

그 사진을 본 순간 저는 제라늄이 좋아졌습니다. 어쩌면 질투일지도 모릅니다. 그 질투의 감정이 저에게 제라늄을 좋아하게 하였고, 저희 집 베란다는 지금 붉은 제라늄으로 가득합니다.

자꾸만 단주에 무너지십니까? 나는 해내지 못하는 단주에 성공하고 있는 사람들이 질투나십니까? 그 질투의 감정을 님의 단주 성공을 위해 이용하세요. 질투는 "나도 갖고 싶다", "나는 왜 가질 수 없는 거야!"라는 외침입니다. 질투의 감정은 님이 그것을 갖도록 님을 움직일 것입니다. 그 질투의 감정이 식지 않도록 매일 단주카페에서 단주에 성공하는 이들의 글을 읽으시기 바랍니다.

님의 마음속에 있는 그 붉은 제라늄은 당장 오늘 꽃을 피울 수 없을지도 모릅니다. 하지만 그 질투의 감정을 버리지 않으시는 한, 언젠가 눈물겹도록 붉고 아름다운 제라늄꽃이 님의 마음속을 가득 메울 것입니다.

- All Life No Alcohol

토닥토닥

여기에서는 제가 개발한 '토닥토닥법'에 대해 말씀드리겠습니다. 제가 이 방법을 터득(?)하게 된 데는 사연이 있습니다.

그때 저는 굉장히 심한 마음고생을 해서 한 달 이상을 우울, 불안, 분노로 잠도 못 자고, 아침에 눈을 뜨면 바로 눈물이 흘렀습니다. 이때 제가 자연스럽게 익히고, 또 효과를 본 방법입니다. 괴로운 생각이 다시 침습해오면서 너무나 힘들 때, 밤에 잠이 오지 않을 때, 저에게는 특히 효과적이었습니다.

방법은 마치 엄마가 자장가를 부르며 아기에게 해주듯이, 자신을 토닥토닥하는 것입니다. 의자에 앉아 계실 때에는 손으로 허벅지를 아니면 다른 쪽 팔뚝을, 누워 계시다면 손을 가슴이나 배에 얹고 심호흡을 하면서 천천히 자신을 토닥토닥합니다. 님께서 아기이셨을 때 아마도 어머니께서는 자장가를 부르며 님을 토닥토닥해주셨을 것입니다. 그 모습을 상상해보세요.

왠지 기분이 가라앉을 때, 걱정 근심이 있을 때, 누군가 때문에 기분이 상할 때, 밤에 잠을 이루지 못할 때 지금까지는 술로 해결해오시지 않으셨나요? 단주하신다면 이제 더 이상 술을 곁에 두시지 않으셔도 됩니다. 나의 가장 훌륭한 치유자는 나 자신이니까요. 토닥토닥!!

- All Life No Alcohol

너 그렇게
줏대 없는 인간이었어?

눈앞에서 사람들이 술을 마실 때, 티비에서 음주 장면이 나올 때, '그냥 마셔버릴까?'라고 술이라는 놈이 머릿속에서 속삭이면 자신에게 물어보세요.

'너 그렇게 줏대 없는 인간이었어?'
'남들이 마신다고, 침이나 질질 흘리는 그런 사람이었어?'
라구요.

언제 어디에서도 끊임없이 다음과 같이 자문하시기 바랍니다.

'술을 마시지 않는 나는 어떤 사람인가?'
'단주한다면 나는 어떤 사람이 될까?'
'나는 원래 간도 쓸개도 없는 줏대 없는 인간인가?'

님의 단주의 잣대는 누구입니까?

주위에서 남들이 마신다고 앞뒤 생각하지 않고 그냥 마셔버리고 싶어지십니까?

단주의 잣대가 남이 아닌 내가 된다면, 단주는 결코 흔들리지 않습니다.

- All Life No Alcohol

단주 성공을 위해 중요한
두 가지 감정

우리가 매일 느끼는 감정은 참으로 다양합니다. 여기에서는 단주 성공을 위해 중요한 두 가지 감정인 즐거움과 달성감에 대해 살펴보고자 합니다. 저의 경우를 예로 들자면,

[즐거움]
오랜만에 혼자만의 시간을 가졌을 때
단주카페 끝말잇기를 했을 때
식사 후 커피를 마셨을 때
재미있는 드라마를 보았을 때
아이 발바닥을 간지럽히며 놀았을 때

[달성감]
아이의 문제집 진도가 나갔을 때
단식시간을 지켰을 때
김치를 담가 김치통이 가득 찼을 때
카페에 글을 썼을 때
가족들이 내가 준비한 식사를 먹을 때
낡은 화분을 정리했을 때
입니다.

님께서 보내신 어제 하루의 24시간을 떠올려보시기 바랍니다. 즐거움과 달성감을 느끼신 어떤 순간이 있으셨나요? 즐거움과 달성감은 일상생활을 긍정적인 분위기로 만듭니다. 일상생활이 긍정적인 분위기가 되면, 자신감이 생기고 우울과 불안이 줄어듭니다.

"우울하고 불안하십니까?"
"짜증이 나고 화가 나십니까?"
"단주할 자신이 없으십니까?"

그렇다면 일단은! 님의 일상생활에서 즐거움과 달성감을 느낄 수 있는 활동을 늘려보시기 바랍니다. 삶의 분위기가 달라지고, 결과적으로 단주 성공으로 이어질 수도 있습니다.

- All Life No Alcohol

몇 %입니까?

우리 모두는 마음속에 단주의 의지를 가지고 있습니다. 의지가 100%일 때, 술을 절대 마시지 않게 되고, 50%이면 마실 수도 있고 안 마실 수도 있는 상태, 그리고 0%로 바닥났을 때는 술을 마시게 됩니다. 단주의지는 늘어나기도 하고 줄어들기도 합니다. 나에게 단주하고자 하는 마음을 강하게 하는 활동을 하면 단주의지는 늘어나고, 유혹과 갈망이 다가오면 단주의지는 순식간에 줄어들 수도 있습니다.

저의 단주의지는 매일 100%입니다. 하루도 빠지지 않고 카페 글을 읽으며, 단주가 가져다주는 일상의 감사를 확인하는 것으로 저의 단주의지는 매일 충전되기 때문입니다.

님의 단주의지는 지금 몇 %입니까? 혹시 님의 단주의지가 낮으시다면 충전하셔야 합니다. 지금까지 님의 단주의지를 특히 강화시켜 준 것은 무엇인가요?

    마음을 때린 책 글귀
    인상에 남은 카페 글
    중독에 관한 유튜브 영상
    내가 예전에 카페에 쓴 글
    음주로 인해 나에게 좋지 않았던 결과의 증거
    단주로 인해 바뀐 일상의 확인
    가족으로부터의 간절한 메시지

자신에게 단주하고자 하는 마음을 다져주는 이러한 것들을 매일 빠뜨리지 않으신다면 단주의지는 매일 충전될 수 있습니다. 어떠한 유혹이 다가와도 단주의지가 100%라면 절대로 무너지지 않고 더 이상 갈망이 두려워지지 않게 됩니다.

오늘 아침에 눈을 떴을 때 님의 단주의지는 몇 %이셨습니까? 지금 이 글을 읽으시는 님의 단주의지는 몇 %입니까? 이번 주 있을 술자리에서 님의 단주의지는 몇 %가 될 것이라고 생각되십니까? 님의 단주의지가 지금 이 순간 몇 %인지 항상 점검을 게을리하지 마시기 바랍니다.

- All Life No Alcohol

괴로운 생각으로 힘들 때

과거의 어떤 기억이 불현듯 머릿속에 떠올라 순식간에 나의 감정이 후회, 자괴감, 죄책감, 우울, 불안의 소용돌이 속으로 빠져드는, 그런 경험을 누구나 해보셨을 것입니다. 특히 단주하고자 하시는 분들께서는 더욱더 그러할 것이라 생각됩니다.

그런데, 떠오르는 일을 떠올리지 않는다는 것은 가능할까요? 그것이 가능한지 아닌지를 확인할 수 있는 실험이 있습니다.

1. 눈을 감고 30초간 양 한 마리를 마음속으로 생각해보세요. 털은 무슨 색인지, 눈동자는 어떠한지, 키는 어느 정도인지, 털을 만지면 어떤 느낌일 것 같은지 아주 구체적으로 생각해봅니다.

2. 다음의 30초간은 절대로 양을 생각하지 않도록 해봅니다.

어떠신가요? 아마도 두 번째의 30초간 마음속에서 '양'을 생각하지 않으신 분은 계시지 않을 것이라 생각됩니다. 그렇습니다. 생각하지 않으려고 아무리 애를 쓴다고 해도, 그 생각을 우리의 마음속에서 지워내는 것은 불가능합니다. 오히려 생각하지 않으려고 하면 할수록 생각은 더욱더 강해집니다.

그렇다면 괴로운 생각으로 힘들 때 어떻게 해야 할까요? 다음이 그 몇 가지 방법입니다.

1. 즐거웠던, 편안했던, 행복했던 과거의 일을 떠올리기

그때 나는 누구와 함께였는지, 언제였는지, 무슨 일이 있었는지, 나의 모습은 어떠하였는지, 나의 기분과 감정은 어떠하였는지 아주 구체적으로 생생하게 떠올립니다.

2. 자연을 떠올리기

바다, 산, 강, 캠핑이나 시골, 어딘가의 자연을 상상합니다. 풀과 꽃, 나무들은 어떤 모습을 하고 있으며, 바람에 흔들리는 모습은 어떠한지, 밤하늘의 별과 달과 흘러가는 구름의 모습은 어떠한지, 달빛이 찬란한 바닷가의 출렁거리는 물결의 모습은 어떠한지, 내 귓가를 맴도는 풀벌레의 소리는 어떠한지 아주 구체적으로 생각합니다.

3. 나에게 중요한 사람으로부터 내가 칭찬을 받는 모습 떠올리거나

상상하기

나를 칭찬하는 그 사람은 누구입니까? 가족, 은사, 유명인, 누구입니까? 나는 무엇을 했습니까? 그 사람은 나에게 어떤 말을 건네며 나를 칭찬합니까? 나를 칭찬하는 그 사람의 표정은 어떻습니까? 칭찬을 받는 나는 어떤 표정이고 어떤 기분입니까?

그 외에도
4. 생각이 떠오른 그 장소를 떠나기
5. 집안일을 하거나 업무처리 하기
6. 숫자세기(100에서 7씩 빼어가기, 자신의 호흡의 횟수 세기, 시계 초바늘 숫자 세기)
등의 방법이 있습니다.

괴로운 생각이 엄습할 때 벗어나지 않으면 이내 우울과 불안, 후회 등의 부정적인 감정이 밀려옵니다. 그리고 이러한 부정적인 감정은 자포자기, 무능감, 자존감 하락으로 이어져 단주 실패의 요인이 될 수 있습니다. 어떤 방법이 자신에게 유용한지 시험해보시면서 자신만의 레시피를 완성하시기 바랍니다.

과거의 쓰디쓴 기억에 더 이상 얽매여 있지 마시고, 단주가 열어줄 새로운 삶을 향해 용기내서 그 한 발자국을 내딛어보세요.

- All Life No Alcohol

단주 성공으로 다가가기 위한 훈련

단주를 하고 싶어 카페에 가입했는데, 좀처럼 단주 성공이 쉽지 않으신가요? 다른 회원님들의 글을 읽고 있으면 '나도 저렇게 단주에 성공하고 싶은데 마음대로 안 된다'라고 생각되시나요?

단주 성공으로 다가갈 수 있는 방법 중 하나가 이미지 트레이닝입니다. 이미지 트레이닝은 쉽게 말하면 '상상하는 것'입니다. 우선 님께서 상상하실 것은 '단주에 성공한 나의 모습'입니다. 다음으로 상상을 하는 방법입니다.

1. 주제를 정해서 상상하세요

이미지 트레이닝으로 들어가기 전에 우선은 무엇에 대해 상상할 것인지 주제를 정해주세요. 그렇지 않으면 생각이 정리가 되지 않을 수 있습니다.

"단주에 성공한 나의 아침은…"

"단주에 성공한 나의 점심은…"

"단주에 성공한 나의 저녁은…"

"단주에 성공한 나의 수면은…"

"단주에 성공한 나의 가족은…"

"단주에 성공한 나의 외모는…"

"단주에 성공한 나의 친구들은…"

"단주에 성공한 나의 건강은…"

"단주에 성공한 나의 일들은…"

"단주에 성공한 나의 주말은…"

2. 매일 상상하세요

매일 무엇인가를 꾸준히 하면 습관이 됩니다. 이미지 트레이닝이 습관으로 정착할 수 있도록 캘린더나 리마인더, to do list 등의 핸드폰 어플 또는, 책상이나 컴퓨터에 메모 붙여두기 등을 활용하세요.

3. 아주 구체적으로 상상하세요

"단주에 성공한 나의 아침은…"

단주에 성공한 나의 아침은 빠르다. 나는 5시쯤에 일어날 것이다. 술을 마시지 않은 나는 일어날 때에 컨디션이 100%이고 만족스럽게 수면을 취해서 기분 좋게 눈을 뜰 것이다. 눈을 뜨면 세수를 하고 우선 워킹을 하러 나간다. 워킹을 하러 밖에 나가서 일출의 오렌

지빛으로 세상이 물드는 것을 바라보며 오늘 하루를 계획한다. 워킹이 끝나면 집에 와서 일단 향기 좋은 커피를 마시며 카페의 글을 읽는다. 카페의 글을 읽고 나면 간단하게 아침을 준비한다. 아침은 사과, 토스트, 계란이다.

이렇게 아주 구체적으로 상상하시는 것입니다. 상상하신 내용을 글로 적으신다면 더욱더 효과적입니다. 머릿속으로 상상만 하는 것보다 손으로 적는 글은 더욱 강렬하게 님의 무의식을 움직일 것입니다.

지금의 내 삶이 불만족스럽고 바뀌기를 원한다면 무엇인가를 바꾸어야 합니다. 지금 당장 시작할 수 있는 매일의 이미지 트레이닝이 어쩌면 단주 성공의 작은 불씨가 되어줄지도 모릅니다.

- All Life No Alcohol

단주는 희망인가? 절망인가?

단주를 시작하고 나서 많은 분들께서 다양한 감정을 경험하십니다. 지금까지의 인생을 동고동락해 왔지만 이제는 영원히 이별해야 한다는 상실감, 앞으로는 더 이상 마실 수 없다는 우울감, 이제는 무엇에 기대어야 하는가라는 불안함, 인생 최고의 즐거움을 잃어버린 허망함, 나만 왜 끊어야 하는가라는 분노 등 이러한 감정들이 존재한다면 술은 참아야 하는 것이고, 단주는 절망이 될 것입니다.

내 인생을 장악하고 지배해온 술로부터 벗어난다는 해방감, 단주 후 매일 맞이하게 될 맑은 아침에 대한 설레임, 그 어렵다는 단주를 해낸다는 성취감, 술취함으로 잊고 있었으나 앞으로 맛보게 될 진정한 즐거움, 단주 후 자신의 인생이 어떻게 달라질지에 대한 기대감 등 이러한 감정들이 존재한다면 술은 마실 필요가 없는 것이고, 단주는 희망이 될 것입니다.

님에게 단주는 무엇입니까? 같은 단주의 길이지만, 절망으로 가득한 단주는 고되고 하루하루가 고통이며, 희망으로 가득한 단주는 힘차고 하루하루가 감사입니다.

어차피 단주하실 거라면, 어차피 단주해야 하는 것이라면, 님께서는 어느 쪽의 단주의 길을 걸으시겠습니까?

- All Life No Alcohol

스트레스 해소방법 : 버려!!

마음의 병을 가지고 계신 많은 분들께서 하지 못하는 것, 버리는 것입니다. 청소는 물론 제대로 되어 있지 않고, 집에는 그야말로 물건이 넘쳐납니다. 앞으로 단 한 번도 쓰지 않을 그런 물건들입니다.

쌓아둔 물건은 단지 물건이 아닙니다. 버리지 못하고 질질 끌어온 인간관계, 놓지 못하는 집착, 분노, 미련, 우울감, 불안 등 이 모든 것들의 상징이 바로 그 쌓아둔 물건들입니다.

주위를 둘러보세요.
농장 속을 열어보세요.
방문을 열어보세요.

님의 눈에 띄는 그 물건들은, 앞으로도 님에게 유용한 것들입니까?

쓰지 않을 물건을 집에 두는 것은 고물더미 속에서 살아가는 것과 다를 바가 없습니다. 버리고 정리하는 그 활동이 님의 마음을 말끔하게 해주어서 앞으로 나아가는 힘과 계기가 될지도 모릅니다.

님께서는 가장 먼저 무엇을 버리시겠습니까?

- All Life No Alcohol

자존감 향상을 위한
한 가지 방법

님께서는 술 때문에 지금까지 많은 비난을 받아오지 않으셨습니까? 다른 사람들로부터 듣는 말보다도, 가장 나를 아프게 하는 것은 나 자신에 의한 비난입니다. 내가 나를 비난하면 어떤 일이 일어날까요? 자존감이 낮아집니다. 그리고 자존감이 낮아지면, 해낼 수 있다는 자신감 또한 낮아집니다.

단주 성공을 위해서는 '나도 해낼 수 있어', '나라고 왜 못해?!', '나도 성공할 거야'라는 자신감이 중요합니다. 자존감과 자신감을 향상시키기 위해 효과적인 방법이 있습니다. 그것은 자기 자신을 칭찬하는 것입니다.

'나를 칭찬할 만한 게 없어'라는 생각이 드셨나요?

늦잠을 잘 수도 있지만 아침에 일찍 일어나는 것
끼니를 대충 넘어갈 수 있지만 제대로 식사를 챙겨 먹는 것
지각과 결근을 할 수도 있지만 성실하게 일을 해낸 것
피곤해서 쉬고 싶지만 가족들을 위해 청소와 요리를 한 것
빈둥거리면서 놀 수도 있지만 운동을 한 것
잊어버릴 수도 있지만 카페에 들려 글을 읽은 것
그냥 지나칠 수도 있지만 누군가의 글에 댓글을 단 것

아마도 님에게는 어제 하루만 해도 칭찬거리가 넘쳐날 것입니다.

나를 칭찬하면 자존감 향상 외에 어떤 일이 일어날까요?
다른 사람의 칭찬 포인트가 눈에 들어옵니다. 지금까지 당연하게, 아무렇지도 않게 생각했던 것들에 감사할 수 있는 힘이 생깁니다. 나의 자존감이 향상되고 다른 사람들에게 감사할 수 있게 된다면, 삶은 물이 흐르듯이 아주 자연스럽게 변화되어 갑니다.

자존감 향상과 감사는 단주의 큰 힘입니다. 오늘부터 아니 지금부터 바로 '자신의 칭찬일기'를 작성해보세요. 어쩌면 지금 님께서 힘들어하시는 문제들의 해답과 단주 성공의 양식이 될지도 모릅니다.

- All Life No Alcohol

긍정적인 감정을 늘리는 방법

일상생활에서 우리가 경험하는 감정은 크게 부정적인 감정과 긍정적인 감정으로 나눌 수 있습니다. 부정적인 감정은 분노, 미움, 화, 고독, 질투, 긍정적인 감정은 감사, 기쁨, 즐거움, 달성감, 만족감, 그런 것들입니다.

단주에 성공하기 위해서, 그리고 단주 성공을 유지하기 위해서도 일상생활에서 감정을 컨트롤하는 것은 정말 중요합니다. 부정적인 감정은 부정적인 생각과 이어져 있고, 이내 단주 실패라는 결과를 초래할 수 있기 때문입니다.

부정적인 감정으로 자신의 일상생활이 좋지 않은 영향을 받는다면 긍정적인 감정을 늘릴 수 있는 활동이 효과적일 수 있습니다. 긍정적인 감정을 늘리기 위한 방법은 자신의 일상생활에 대한 '감사'

와 남으로부터 받은 '친절'을 구체적으로 기록하는 것입니다.

　일상생활 속에서 누군가에 대한 미움, 현실에 대한 불만족으로 힘들어하고 계시다면 감사와 친절을 매일 글로 남겨보시기 바랍니다. 그 기록이 님의 단주 성공과 삶의 변화의 계기가 될 수 있습니다.

- All Life No Alcohol

음주 재발은
하루아침에 일어나지 않는다

 몇 십 년 단주를 하였다 해도, 음주 재발을 하면 몇 달 만에 목숨을 잃기도 합니다. 재음주를 하게 되면 알코올 사용장애는 다시 처음부터 시작되는 것이 아니라, 단주 전의 그 상태로부터 이어서 급격히 더욱더 악화되기 때문입니다. 단주를 깬 음주 재발에서의 술은 마치 굶주린 사자가 오랜만에 먹잇감을 잡은 것과 같이 사납고 포악하게 사람을 무너뜨립니다.

 음주 재발은 자신감, 자존감을 낮추어서 단주의지를 꺾기도 하고 어렵게 되찾은 신뢰를 무너뜨릴 수도 있습니다. 많은 분들께서는 음주 재발의 순간을 "혹했다, 그 한순간의 유혹을 이기지 못했다"라고 표현하시지만, 사실은 음주 재발의 전에 이미 음주 재발을 알리는 신호들이 존재합니다.

음주 재발을 예견하는 가장 강력한 신호는 단주카페에 들어오지 않게 된다는 것입니다. 매일 출석체크를 하던 사람이 출석체크를 건너뛰게 되고 카페에 들어오기 싫어진다면, 머지않아 자신에게 음주 재발이 일어날 것이라는 강력한 경고신호로 받아들여야 합니다.

카페 출석이 소홀해지는 것 외에도, '술생각이 난다, 힘들어서 못해 먹겠다'라는 생각을 입에 담는 것도 위험합니다. 우리의 생각이 우리의 뇌리 속에 머무는 시간은 대개 불과 몇 초에 불과합니다. 하지만 이 생각을 입으로 내뱉어버린다면 그 생각이 음성으로 기억되고 또한 강화됩니다. 이것이 반복되어 결국은 음주 재발로 이어지는 말미를 주게 되는 것입니다.

　술친구들과 다시 연락을 하는 것
　술이 있는 곳에 가는 것
　술을 즐길 때 했던 행동을 하는 것
　스트레스를 해소하지 않고 쌓아두는 것
　식사를 거르는 것
　운동을 하지 않게 되는 것
　모두 음주 재발을 알리는 신호가 될 수 있습니다.

님께서는 단주를 하신 적이 있으신가요? 아마도 님께서 단주하시기 전과 단주 후의 생활패턴과 사고방식은 상당히 바뀌셨을 것입니다. 그렇기 때문에 단주 전의 상태로 돌아가고 있다면, 그것은 강력한 음주 재발의 예고신호가 될 수 있습니다.

왜 단주하려 하십니까?
왜 단주카페에 가입하셨습니까?

단주는 님께서 지키셔야 할 소중한 그 무엇을 의미하지 않으신가요? 님의 삶을 붙들어주는 단주의 동아줄이 느슨해져 있는 것은 아닌지 지금 이 순간 점검해보시기 바랍니다.

- All Life No Alcohol

상상하세요

사람은 생각하는 대로 행동하게 됩니다. 생각은 즉 상상입니다. 상상을 적극적으로 이용하면, 문제가 해결될 수도 있습니다. 지금 님께서 단 하루도 술을 참지 못하신다면, 단주에 성공하신 님의 모습을 상상하시기 바랍니다.

님의 모습은 지금과 어떻게 달라져 있을까요? 가족, 친구들은 님이 어떻게 달라졌다고 말할까요? 님의 얼굴피부, 표정, 말투, 아침 몇 시에 일어나 무엇을 하고, 어디에서 누구와 함께 낮에 시간을 보내고, 저녁에는 어떤 식사를 하고, 몇 시에 잠에 들지 아주 구체적으로 상상해보세요.

지금 님께서 이미 단주를 하고 계시지만 단주가 힘들고 고비에 있으시다면, 향후 20년 동안 단주에 성공하신 후의 모습을 아주 구체적으로 상상하시기 바랍니다.

님께서는 몇 살이신가요? 어떤 얼굴을 하고 있으며, 누구와 어디에서 어떤 인생을 보내고 계신가요? 어려움과 문제들에 부딪히면서도 흔들리지 않고 단주를 성수하여, 자신뿐만 아니라 다른 사람들의 인생에도 선한 영향을 미치고 있는 님의 모습을 아주 구체적으로 상상해보세요.

단주 외에도 일상생활에서 경험하게 되는 많은 문제들에 대해 상상의 힘을 이용할 수 있습니다. 누군가 사이가 좋지 않다면, 그 사람과 잘 지내는 나를 상상해보고 사람들 앞에만 서면 심장이 쿵쾅거리고 긴장이 심하다면, 당당한 나를 상상하는 것입니다.

상상은 큰 힘을 가지고 있습니다. 특히 마음속으로 무엇인가에 대해 적극적으로 상상하게 되면 우리의 생각과 행동은 무의식중에 그것이 현실이 되도록 움직일 수 있습니다.

평생단주를 이어가고 있는 지금의 저는, 예전에 술을 마시고 후회와 자괴감으로 잠을 이루지 못하였던 그때의 제가 되기를 바라고 상상하던 바로 그 모습입니다.

- All Life No Alcohol

음주도 단주도 행동이다

　님은 지금 어떤 옷을 입고 계시나요? 추위를 막기 위한 두꺼운 오리털 잠바? 실내 난방이 따뜻하기에 얇은 티셔츠?

　매서운 겨울바람이 부는 날 외출할 때 반팔티셔츠로 집을 나서는 사람이 있을까요? 40도에 가까운 삼복더위의 날, 오리털 잠바를 입고 길거리를 걷는 사람을 보신 적이 있으신가요? 우리가 매일 당연하게 입는 그 옷에도 사실은 목적이 존재합니다.

　먹는 것은 어떤가요? 요즘 세상에는 정말로 먹을 것들이 넘쳐납니다. 시장에 가면 떡집이랑 튀김집은 꼭 들려야 하죠.

　그런데 님께서 만약 다이어트를 하신다면요? 집에 아무리 먹을 것이 넘쳐난다 하더라도, 님은 그것들을 먹지 않으려 하실 것이며, 시장에 가도 항상 들리던 떡집이랑 튀김집을 패스하실 것입니다.

일을 마치면 몸이 피곤하죠. 집으로 가능한 빨리 가고 싶고, 만약 님께서 통근을 위해 버스를 타신다면 버스정거장에서 집까지 가는 최단거리의 길을 선택하실 것입니다.

그런데 만약 오늘부터 하루에 만보를 걷기로 하셨다면요? 님은 집으로 가는 최단거리가 아니라, 오히려 한 정거장 앞에서 내려 일부러 걸어오시게 될지도 모릅니다.

우리의 행동을 결정하는 것은 목적입니다. 즉, 목적을 명확히 한다면, 혹은 목적을 바꾼다면 행동을 바꿀 수도 있습니다.

단주도 행동입니다. 님께서 단주를 하시려는 목적은 무엇입니까? 번번히 단주에 실패하신다면, 혹은 단주 중이지만 유혹 때문에 힘드시다면 단주하시려는 그 목적을 매일 글로 적어보시기 바랍니다. 생각은 몇 초 만에 사라지고 불분명하지만, 글로 적는 작업이 생각을 정리해주고 긍정적인 방향으로 더욱 강화시켜 줄 것입니다.

님은 왜 단주하려 하십니까?

- All Life No Alcohol

단주의 장벽

예전의 저는 단주를 하고 싶은 마음은 있으면서도 일주일도 채 술을 참지 못했습니다. 그때의 저에게는 오직 [단주하고 싶은 마음]만 있었을 뿐, 단주 성공을 위해 무엇을 해야 한다는 생각을 하지 못했습니다.

평생단주를 하고 있는 지금 저를 둘러싸고 있는 것은 [단주의 장벽]입니다. 이 거대한 장벽은 불시에 저를 엄습해오는 음주 유혹으로부터 언제나 저를 지켜주고, 아무리 비바람이 몰아쳐도 꿈쩍도 하지 않습니다. 저의 [단주의 장벽]은 다음의 두 가지를 재료로 해서 세웠습니다.

1. 매일 단주카페 출석체크

저의 단주장벽을 가장 굳건히 해주는 것이 매일 단주카페에 출석체크를 하며 글을 쓰는 것입니다. 글을 쓰고 다른 분들의 글에 댓글을 달면서 저의 단주장벽은 매일매일 보강이 됩니다.

2. 음주 생각의 철저한 지배

음주를 합리화하고 미화하며 저에게 술을 마시게 하려는 음주자극은 드라마, 광고, 인터넷, 언제 어디서든 저의 장벽을 무너뜨리려고 혈안이 되어 있습니다. 음주 자극과 함께 저를 공격해오는 부대는 음주 생각입니다.

'저 사람들도 저렇게 마시는데 그냥 나도 마시자'
'다들 마시잖아. 그러니까 조금만 마시자고…'

여기에서 제가 음주 생각의 부대를 전멸시키지 않는다면 그들은 저의 단주장벽을 무너뜨릴지도 모릅니다. 단주장벽이 무너진다면 언제 다시 튼튼한 장벽을 세울 수 있을지는 기약을 할 수가 없습니다. 그래서 저는 음주 생각보다 강력한 다음과 같은 단주 생각의 부대를 장벽 위에 배치하였습니다.

'내가 단주를 하려는 이유는 나와 내 가족들이 더 행복해지기 위해서야'
'저들이 즐겁게 마시는 저 술에 발암물질인 알코올이 들어 있어. 나는 가족들과 건강하게 오랫동안 살고 싶어'
'나의 단주가 누군가의 단주를 성공으로 이끌고 목숨을 살릴 수도

있을지도 몰라'

만약 님께서 아직 단주를 실행하고 있지 않으시다면, 님의 단주 장벽은 카페활동, 운동, 규칙적인 식사, 하루의 시간표 작성, 술친구 거리두기, 안 마시는 친구 늘리기 등의 재료로 세워질 수 있을 것입니다. 일단 단주의 장벽이 세워지면 안전한 장벽의 보호를 받으며 단주가 지켜질 것이고, 님의 삶은 자연스럽게 달라질 것입니다.

님의 단주장벽은 무엇으로 만들어져 있습니까?

- All Life No Alcohol

조절망상을 지배하는 방법

뉴스를 보면 정말 하루아침에 돌아가시는 분들이 많습니다. 길을 걷다가, 운전을 하다가, 음식을 먹다가, 하다 못해 잠을 자다가 우리는 언제 자신이 생의 마지막을 맞이할지 알 수 없습니다.

단주를 하다 보면 거의 100% 들게 되는 생각이 있습니다. 단주를 포기하고 일주일에 딱 한 번만, 아니 한 달에 한 번만, 기념일에만 술을 마시기로 할까? 라는 조절망상입니다. 어쩌면 불가능하지 않을지도 모릅니다. 단주 초기에 저에게도 이런 조절망상이 찾아왔었습니다. 하지만 그럴 때마다 저는 스스로에게 이렇게 말했습니다.

'기념일에만 술을 마셔서, 만약 그날 내가 죽는다면? 그렇게 되면 나는 기껏 단주를 하다가 결국 술에 취해서 내 삶의 마지막을 맞이하는 거네.'

저는 적어도 술에 취해서 죽고 싶지 않습니다. 대단한 사람이 될 수는 없겠지만, 적어도 술에 취해서 죽은 사람은 되고 싶지 않습니다. 술에 취해서 죽은 사람으로 가족과 지인들에게 기억되고 싶지 않은 것입니다. 이렇게 생각하면 저를 다시 술독으로 빠뜨리려는 유혹이 꽁무니를 빼고 달아나는 게 느껴집니다. 그리고 조절망상은 좀처럼 저에게 다가오지 못하죠.

님은 왜 단주하시나요? 알코올 사용장애로 똥범벅이 되어 죽을까 봐 두려워서요? 아닐 것입니다.

사실은 님의 안에 더 평온해지고 싶고, 더 건강해지고 싶고, 더 행복해지고 싶은 삶의 희망이 존재하기 때문입니다. 단주는 님의 삶을 100% 긍정적인 방향으로 이끌어줄 것입니다. 님은 행복해질 권리가 있으십니다. 님의 삶을 어떻게든 완전히 무너뜨리려는 조절망상 따위에게 더 이상 속지 마시기 바랍니다.

애당초에 자신과 가족의 인생을 걸고 모험을 하며 조절까지 해서 마셔야 될 정도로, 술은 님의 인생에서 소중하고 값어치 있는 존재입니까?

- All Life No Alcohol

단주가 너무 힘들다면
환경을 바꾸세요

'여러 가지 단주하는 방법들을 알고는 있지만 도저히 단주가 안 된다'

'하루하루 단주를 이어가고 있지만 사실은 술을 참는 것이 너무도 괴롭다'

라고 생각하고 계시나요? 단주가 마음대로 되지 않는다면 환경을 집중공략해 보세요. 단주가 가능한 환경으로 하나씩 바꾸어가는 것입니다. 다음은 환경을 바꾸는 것의 예입니다.

1. 술을 마시던 시간에 다른 활동을 하는 것

술을 마시는 음주는 곧 행동입니다. 음주라는 행동을 다른 행동으로 바꾸는 것입니다. 가능하다면 내가 즐겁고 시간 가는 것을 잊을 정도로 몰두할 수 있으면서, 나에게 해가 되지 않는 행동이어야 합니다. 운동, 공부, 산책, 자원봉사, 이러한 것들입니다.

2. 술을 마시지 않는 가족과 함께 사는 것

혼자서 살게 되면 특히 알코올 사용장애의 위험성이 더욱 높아집니다. 아무리 자주 많이 마셔도 나에게 브레이크를 걸어줄 사람이 없기 때문입니다. 혼술이 알코올 사용장애로 가는 지름길이라 일컬어지는 이유가 이 때문입니다. 혼자서 자유롭게 마시는 환경을 차단함으로 단주가 수월해질 수 있습니다.

3. 인간관계를 정리하는 것

지금 님의 카톡 대화란을 열어보시기 바랍니다. 최근에 연락한 사람들 중에 술을 마시지 않는 사람과 술을 마시는 사람의 비율은 어떠한가요? 카톡 대화를 나눈 사람들 중 술을 마시지 않는 사람들이 있나요? 님의 인간관계는 단주 성공에 도움이 되고 있습니까?

님에게 선하면서 강한 영향력을 미칠 수 있는 정신적 멘토를 찾으세요. 님이 목표로 할 수 있는 그러한 사람입니다. 단주카페에서 오랫동안 단주를 이어온 회원님도 정신적 멘토가 될 수 있습니다. 님께서 문제에 부딪혔을 때 '그 사람이라면 어떻게 해결할까?'라는 생각을 함으로써 난관을 극복하기 위한 힌트를 얻으실 수도 있습니다.

4. 물리적 환경의 정리

지금 주변을 둘러보세요. 집은 정리되어 있나요? 부엌의 그릇 수납장을 열어보세요. 밥그릇보다 술잔이 더 많지 않으신가요? 술잔을 전부 버리시기 바랍니다. 술을 마셔야 하는데, 술잔이 없다면요? 아마도 밥그릇에 술을 따라서 마셔야 하거나, 아니면 술잔을 사러 나가야 할지도 모릅니다. 평소에 항상 술을 마시던 상황과 다른 이질감이 어쩌면 님의 단주 성공의 계기가 될지 모릅니다.

또한 청소를 하는 요일을 정해서 집 안 구석구석을 청소하시기 바랍니다. 중독이 심해질수록 사람은 주변은 물론 자신의 청결위생까지도 신경을 쓰지 않게 됩니다. 술을 당장 끊지 못하더라도 주변과 자신을 깨끗이 하신다면, 그것이 변화의 계기가 될 수 있습니다.

5. 일상생활에서 아주 작은 변화를 일으키기

중독이 심할수록 일상생활은 음주를 중심으로 이루어지고, 그것은 패턴화되어 갑니다. 우리가 일상생활을 바꾸기 위해서는 거창하고 커다란 계획보다도 아주 작고 사소한 변화가 중요하다고 알려져 있습니다. 항상 내가 하던 것과 다른 아주 사소한 그 행동은 마치 잔잔한 호숫가에 작은 돌멩이를 하나 던져 넣었을 때 큰 물결로 번져 호수 전체에 퍼져가는 것과 같이, 님의 생각과 행동 전체에 변화의 계기가 될 것입니다.

기상시간을 정하는 것, 공부를 시작하는 것, 책을 읽는 것, 강연회에 가는 것, 다른 취미를 갖는 것, 자원봉사를 하는 것, 많은 것들이 사실은 님의 단주를 성공으로 이끌 가능성을 가지고 있습니다. 예전에 내가 즐겼던 것, 잘했던 것들도 힌트가 될 수 있습니다.

6. 술을 마실 돈을 다른 곳에 쓰기

내가 마시고 사라지는 그 술값으로 누군가의 목숨을 구할 수 있다면 어떻게 하시겠습니까? 나와 가족, 또는 그 누군가를 위해서 술값의 일부이더라도 의미 있는 곳에 써보시는 그 경험이 님의 생각과 행동의 변화로 이어질 수 있습니다.

단주 성공은 단 한 가지로 이루어지지 않습니다. 생각의 변화, 건강, 환경, 스트레스 관리, 인간관계, 경제적 상황, 일상생활의 스케줄, 누군가의 조력, 정보, 단주카페 모든 것들이 복합적으로 협력해서 단주 성공이 가능해집니다.

당장 단주가 되지 않는다고 해도 단주의 끈을 놓으시면 안 됩니다. 오늘 내가 할 수 있는 것이 무엇인지 생각해보시고, 하나하나 실행해보세요. 단주하고 싶으시다면 님과 같은 목표를 가진 사람들을 가까이하시고, 단주할 수 있는 방법들을 숙지하십시오. 그러시면 반드시 단주 성공의 그때가 올 것입니다.

- All Life No Alcohol

우울한 날을
내가 제일 좋아하는 날로

제가 가장 좋아하는 커피잔이 있습니다. 하얀색에 둘레가 얇아서 커피를 마실 때 딱 좋습니다. 둘레가 두터우면 커피 마시다 커피가 잔을 따라 흐르고 불편하더라구요. 저는 그 커피잔으로 차를 마시면 기분이 좋습니다.

저희 집 베란다에는 붉은 제라늄이 가득합니다. 집에 있으면 항상 눈에 띄는 꽃이 끊임없이 저를 기분전환시켜 줍니다.

제가 좋아하는 꽃들을 바라보며
제가 좋아하는 잔에
제가 좋아하는 커피를 마시는 이 시간…
저의 행복단주와 평온단주의 원동력입니다.

혹시 요즘 우울하신가요?

왠지 모르게 짜증이 나고 기분이 별로이신가요?

비 오는 날만 되면 왠지 모르게 가라앉으시나요?

그렇다면
님께서 좋아하는 음식을 드시기 바랍니다.
님께서 좋아하는 음악을 들으시기 바랍니다.
님께서 좋아하는 장소에 가시기 바랍니다.
님께서 좋아하는 취미를 즐기시기 바랍니다.
님께서 좋아하는 것을 눈에 띄는 곳에 두시기 바랍니다.
님께서 좋아하는 사람을 만나시기 바랍니다.

좋지 않은 기분은 음주 재발의 원인이 될 수 있습니다. 왠지 모르게 기분이 좋지 않은 날, 또는 안 좋은 일이 있었던 날은, 님께서 좋아하시는 것들로 시간과 공간을 메꾸어 가신다면 우울도 불안도 짜증도 어느새 사라질 것입니다.

- All Life No Alcohol

좋은 취미
- 요리 -

　단주 전에는 주말에는 세 끼 모두 외식하는 날도 많고, 평일 저녁에도 사다 먹는 일이 많았습니다. 그런데 단주 후부터는 외식이 눈에 띄게 줄었습니다. 한 번 외식할 돈으로 건강한 식재료와 가족들이 좋아하는 디저트까지 마트에서 넉넉히 살 수 있으니, 한 끼로 사라져 버리는 외식비가 아깝기도 합니다.

　님께서는 어제 어떤 음식을 드셨습니까? 아니, 어제 어떤 음식이 님의 몸속으로 들어갔습니까? 님께서 먹고 마신 그 음식들이 님의 몸을 만든다는 사실, 음식을 드실 때마다 의식하고 계신가요? 그러니 더더욱 발암물질이 들어 있는 술은 No No No입니다.

　요리는 신비롭습니다. 같은 재료를 가지고 음식을 해도 신기하게도 다른 맛이 납니다. 어떤 모양으로 식재료를 자르는가에 따라서도 다른 맛이 납니다. 요리를 해서 맛이 있으면 신이 나고 자존감도 올라갑니다. 다음에는 무슨 요리를 할까 머리를 굴리게 되고 기대도 됩니다.

지금까지 고생해온 님의 몸을 위해서 신선한 야채와 과일, 몸에 좋은 음식들을 드세요. 그리고 스스로를 위해, 또는 가족을 위해 요리를 해보시는 건 어떤가요? 님께서 요리를 하시면 뜻하지 못했던 다른 즐거움이 따라올 수 있습니다.

- All Life No Alcohol

왜 저에게 이렇게 잘해주세요?

누군가 나에게 다가오면,
'어차피 나랑 안 좋은 사이가 될 것이고 나를 떠나갈 거잖아'

누군가 나에게 미소 지으며 잘해주면,
'도대체 나한테서 무엇을 바라는 거야?'

어렸을 때부터 제가 가져온 인간관계에서의 법칙입니다. 좋은 일이 생기면 '어차피 다음에는 더 안 좋은 일이 생길 거야'라는 생각으로 기뻐해야 할 순간에도 저는 불안했습니다. 좋은 일이 있든, 나쁜 일이 있든 불안은 항상 저를 따라다녔습니다.

단주와 함께 시작한 매일의 카페 활동은 그런 저를 치유하는 계기가 되었습니다. 무엇보다도 카페에서는 매일 누군가와 소통을 할 수 있습니다. 용기를 내서 연락을 하거나 일부러 시간을 내서 만나거나 할 필요도 없습니다.

카페 사람들은 저의 이름도, 어디 사는 누구인지, 제가 얼마나 죄가 많고 부족한 사람인지 등 저에 대해 하나도 알지 못하면서, 어린 시절 제가 듣지 못하였고 평생 동안 가장 듣고 싶었던 칭찬과 응원을 매일 저에게 아낌없이 부어줍니다.

매일의 카페 활동은 저에게 단주 유지라는 무엇보다 큰 선물과 사람들과 소통하는 방법, 사람을 신뢰하는 방법, 상대방을 배려해서 말을 하는 방법까지 자연스럽게 알려줍니다.

단주를 깨려 할 때, 술이라는 약물이 다시 삶을 점령하려 할 때 님께서는 반드시 단주카페에서 멀어지시게 될 것입니다. 특히 단주 초기에 매일 카페 출석을 하시다가 '오늘 하루 바쁜데 그냥 건너뛸까?'라는 생각이 드신다면, 음주 재발을 경고하기 위해 님의 마음이 보내는 간절한 신호입니다.

잊지 마세요. 단주카페는 단주 성공과 단주 유지, 그리고 지금까지 술 때문에 망가졌던 인간관계를 재구축하는 방법을 배우기 위해서도 효과적인 수단과 방법이 될 수 있습니다.

현재 단주를 하고 계시지 않으시더라도, 매일 카페에 들러서 출석체크를 하시고 글을 남기신다면, 단주 성공으로 다가가고 생각과 행동을 바꾸는 양식이 될 것입니다.

**커피는 나오지 않지만, 단주카페에 매일 들려보세요.
단주카페는 단주 성공을 위한 큰 힘이 될 것입니다.**

- All Life No Alcohol

단주를 포기하고 싶다
하시는 분께

알코올 사용장애 환자의 평균수명은 약 50세입니다. 마시는 양과 기간, 성별, 체질에 따라 20대, 30대의 훨씬 이른 나이에도 사망할 수 있으며, 죽음이라는 종착역을 향하고 있음을 알면서도 술을 찾게 하는 무서운 병이 알코올 사용장애입니다.

인간은 본래 자신을 위험에 빠뜨리는 행동을 하지 않습니다. 왜냐하면 살기 위한 생존본능이 갖추어져 있기 때문입니다. 자신에게 독이 된다는 것을 알면서도 마시고 싶어지는 비정상적인 상태, 이것은 알코올 사용장애라는 병이 님을 그렇게 만든 것입니다.

그렇다면 알코올 사용장애로부터 벗어나기 위해 지금 당장 할 수 있는 것은 무엇일까요? 다음의 두 가지를 매일 글로 적어보시기 바랍니다.

1. 지금까지 술로 내가 잃은 것 VS 내가 얻은 것
2. 앞으로도 음주를 계속한다면 내가 잃게 될 것 VS 내가 얻게 될 것

우리 인간은 자신에게 해가 되는 행동을 하지 않으면서, 동시에 밑지는 장사를 하기 싫어합니다. 지금 눈을 감고 생각해보시기 바랍니다.

음주는 님에게 남는 장사인가요?
음주는 님의 가족에게 남는 장사인가요?

알코올 사용장애는 색안경을 씌워 놓습니다. 그 색안경을 끼고 있으면 오직 술을 마시는 즐거운 사람들만 눈에 보이고, 술로 모든 것을 잃고 비참하게 죽어가는 사람들은 보이지 않게 됩니다.

위의 두 가지를 매일 글로 적어보심으로써, 그 색안경을 벗으실 수 있게 될 수 있습니다. 생각만 하지 마시고 글로 적으시기 바랍니다. 생각은 단 몇 초 만에 사라지고 별생각이 다 들어서 뒤죽박죽이 되지만, 글로 써낸다면 생각이 정리되고 무엇이 최선인지 알 수 있습니다.

매일 기록한다면 언제든 다시 꺼내볼 수 있고, 과거의 나를 되돌아볼 수도 있게 됩니다. 매일 같은 말을 적고 또 적어도 좋습니다.

잊지 마시고 꾸준히 적으시기 바랍니다. 글로 적으시는 그 작업이 님의 생각을 바꿀 것이고 흔들리는 마음을 다잡아줄 것입니다.

단주카페에 글로 남기신다면 더욱더 좋습니다. 자신의 바램, 소망, 단주하고 싶은 이유, 기도문, 읽었던 책에서 공유하고 싶은 한 구절, 무엇이든 한 줄이라도 매일 글로 남긴다면, 님의 역사가 될 것입니다.

잊지 마세요!!
단주가 님을 지켜줄 것입니다.
단주는 망할 염려가 없는 재테크입니다.

- All Life No Alcohol

나는 술을 마셔도 된다?

성인이 된 후 저의 인생에는 항상 술이 있었습니다. 그런데 임신, 수유 기간에는 단 한 방울의 술도 마시지 않았습니다. 저와 같은 경험을 다른 여성분들께서도 가지고 계실 것입니다. 그렇게 많이 마시던 술을 왜 하루아침에 한 방울도 마시지 않게 되었을까요?

그 이유는 바로 '술을 마시면 안 된다'라는 생각입니다. 그렇다면 이번에는 반대로 술을 끊지 못하는 이유에 대해서 생각해봅니다. 왜 많은 분들이 술을 끊지 못하시는 걸까요? 그 이유는 바로 '술을 마셔도 된다'라는 생각 때문은 아닐까요?

만약 님께서 '당신은 술을 한 방울만 더 마시면 바로 죽습니다'라는 말을 의사로부터 듣는다면, 그래도 술을 드시겠습니까? (안타깝게도 알코올 사용장애 중증이 되면, 그래도 술을 드시는 분들이 계십니다)

제가 단주하는 이유에 대해서 다시 한 번 생각해보았습니다. 제가 단주를 하는 이유는 '나는 내 가족과 함께 행복하게 살고 싶다'라는 생각 때문입니다. 제 가족과 행복하게 살기 위해서 술은 단 한 방울도, 단 한 잔도 유익하지 않습니다. 왜냐하면 '딱 한 번만 마시자'하고 들이켠 그 잔이 그 다음 주 또 그 다음 주로 이어질 것이고, 또 다시 저는 자괴감과 죄책감으로 잠을 이루지 못하게 될 것이기 때문입니다. 술은 제 인생에 어떠한 도움도 되지 않습니다.

님께서는 왜 단주에 성공하지 못하십니까?
님께서는 왜 단주를 하고 있으면서도 유혹과 갈망에 흔들리십니까?

그 이유는 바로 '나는 술을 마셔도 돼'라는 생각이 님의 안에 존재하기 때문은 아닌가요? 님이 단주카페에 가입하시고 첫 번째 글을 쓰셨던 때를 떠올려보시기 바랍니다. 그 글을 다시 읽어보시기 바랍니다. 님은 정말로 술을 마셔도 되는 사람입니까? 술은 정말로 님의 삶에 유익합니까?

단주 실패의 악순환을 끊고 단주 유지를 흔들리지 않게 하기 위해 님의 안에 있는 '나는 술을 마셔도 돼'라는 그 생각을 펄펄 끓는 용광로 속에 던져 버리시기 바랍니다.

- All Life No Alcohol

음주몽

언젠가 저는 가족들과 뷔페로 식사를 하러 갔습니다. 가기 전에는 몰랐는데 주류도 포함되어 무한으로 여러 종류의 술을 마실 수 있도록 되어 있었습니다. 뷔페 중에 술이 포함되어 있는 곳은 처음이라 신기했습니다. 예전의 술을 마셨던 저라면 아이들과 함께하는 식사 자리였음에도 불구하고, 분명 평소에 마시지 않던 술까지 호기심에 여러 잔을 마셨을 것입니다.

왠지 기분이 약간 고양되고 단주 후 한 번도 생각하지 않았던, 이 실직고를 하면 시원한 맥주를 마시는 사람들이 약간 부럽다는 생각이 솔직히 들었습니다. 그때 아이에게 저는 말했습니다.

"엄마가 왜 이제 맥주 안 마시는지 알아? 술을 많이 마셔서 병에 걸린 사람이 많은데, 엄마는 그 사람들을 돕고 싶어"

이 말을 아이에게 하고 나니, 제 안에 존재하던 '옆 테이블에서 시원한 맥주를 마시는 사람들이 부럽다. 아쉽다'라는 생각이 마치 썰물처럼 빠지는 것을 느꼈습니다.

그 당시에 저는 꿈을 잘 꾸지 않았는데 그날 밤은 아주 생생한 꿈을 꾸었습니다. 남편과 크게 싸우고 집을 뛰쳐나와 캔맥주를 사서 뚜껑까지 땄지만, '마시면 끝이다'라는 생각으로 마시지 못하고 엉엉 우는 꿈이었습니다. 단주를 하는 사람들이 꾸는 술 마시는 꿈, 바로 음주몽입니다. 음주몽은 크게 두 가지로 나뉩니다. 단주 초기와 단주 중기입니다.

단주 초기에는 술을 마시지 않아야 한다는 강한 생각을 매일 하게 되기 때문에, 음주몽을 꾸는 것은 단주하고 있다는 증거로서도 받아들여질 수 있는 하나의 현상인 것 같습니다. 한편 저처럼 단주가 어느 정도 진행된 경우에는 '재발을 경계하라'라는 의미를 가지고 있다고 해석할 수 있습니다.

그날 밤 제가 처음으로 꾼 음주몽은 저에게 다음의 2가지를 말해주고 있는 듯했습니다.

1. 어제저녁과 같이 뜻하지 않게 술이 제 앞에 놓일 때도 동요하지 않도록 하자!
2. 나의 가장 큰 음주유발 요인이었던 '분노'에 대해서 항상 경계

하자!

님께서 음주몽을 어떻게 해석하시느냐에 따라 단주가 깨질 수도 있습니다. 예를 들면 아래와 같은 생각입니다.

'꿈속에서까지 술을 찾는구나. 역시 나에게 단주는 무리야'

이런 생각이 든다면 음주몽은 단주를 깰 좋은 구실이 됩니다. 그렇기 때문에 음주몽을 꾸었을 때는 자신이 단주하는 의미를 다시 한 번 되새겨야 합니다.

어떤 상황에서도 단주하시려는 이유와 의미를 항상 명확히 하시기 바랍니다. 이 단순한 작업이 님의 평생단주를 지켜주는 힘이 될 것입니다.

- All Life No Alcohol

단주는 인간관계 재정립의 기회

우리의 인생에서 빠트릴 수 없는 것은 사람, 바로 인간관계입니다. 지금 님의 카톡 대화 리스트를 열어보시기 바랍니다. 자신의 인간관계를 여실히 알 수 있는 것이 카톡의 대화 리스트입니다. 술을 마시기 위해 주고받은 연락 외에 어떤 대화들이 있나요? 만약 지금 님께서 오랫동안 단주를 하고 계시다면, 아마도 카톡 대화란에 술을 마시기 위한 연락은 들어 있지 않을 것입니다.

단주 전의 저는 사람들 때문에 스트레스를 많이 받았습니다.

'상대방이 나를 미워하면 어쩌지?'
'저 사람은 내 편이 아닌 거 같아'

인간관계는 저의 육아에도 영향을 미쳤고 음주의 한 요인이었습니다.

단주 후 저는 이제 인간관계에 연연하지 않게 되었습니다. 특별히 그러려고 노력한 것도 아닌데, 자연스럽게 그렇게 되었습니다. 더 이상은 만나고 싶지 않은 사람을 일부러 만나지 않게 되었고, 누군가와의 관계를 유지하기 위해 더 이상 애를 쓰지 않게 되었습니다.

단주 전에는 사람을 만나지 않으면 왠지 외롭고 혼자가 된 것 같은 고독감이 있었는데, 단주 후 저는 혼자 있는 시간이 가장 소중합니다. 제가 좋아하는 꽃을 바라보면서 차를 마시고, 제가 좋아하는 음악을 듣고, 제가 좋아하는 공부를 하고, 제가 좋아하는 산나물도 캐고, 가끔은 아무것도 하지 않고 뒹굴거리기도 합니다. 단주 후 저는 진정으로 오직 저라는 사람과 함께 즐거워하고 웃을 수 있게 된 것입니다.

단주하시면서 많은 분들께서 불안해하시는 것은 인간관계를 잃는 것입니다. 그러나…

"그 사람들은 님의 단주를 진정으로 이해하고 응원해주는 사람들인가요?"
"그 사람들은 님께서 알코올 사용장애 중증이 되어 바닥을 쳐도, 그래도 님을 버리지 않을 사람들인가요?"

지금 사람들과 즐겁게 기울이는 그 한 잔의 술잔이 언젠가 후회의 피눈물로 가득 채워질지도 모릅니다. 그러니 지금의 인간관계를 잃는 것을 두려워하지 마세요!! 님의 단주를 진정으로 이해하고 응원해주는 사람 vs 술 먹을 거 아니면 볼일 없는 사람, 단주는 님의 인간관계를 정리해줄 것입니다. 오직 술만이 매개가 되어 있는 얕은 인간관계가 아니라, 술을 뺀 '진정한 나'라는 사람을 찾아주는 사람들과의 깊은 인간관계를 맺어주는 것이 단주입니다.

단주는 인간관계 재정립의 기회입니다. 단주가 님에게 가져다줄 새로운 인연들을 기대하시는 설레임의 단주가 되시기 바랍니다.

- All Life No Alcohol

어떻게 하시겠습니까?

잠을 자다가 깼는데 온몸이 땀으로 흠뻑 젖어 있습니다. 날이 갑자기 더워졌는데 창문도 꽉 닫고 잠을 자서 그렇습니다. 심한 갈증이 느껴집니다. 아무것도 안 하고 그대로 있으면 어떻게 될까요?

방의 기온은 더욱더 상승할 것이고, 님은 탈수증이나 열사병에 걸리게 될지도 모릅니다. 어떻게 하시겠습니까?

가만히 누워 있는데 배가 고픕니다. 입을 "아" 하고 벌려봅니다. 떡이 날라와서 님의 입으로 들어오나요? 아무것도 안 하고 그대로 있으면 어떻게 될까요?

배는 더 고파올 것이고, 배고프다 못해 짜증이 나겠죠. 어떻게 하시겠습니까?

님은 단주 성공을 위해 지금 무엇을 하고 계십니까? 아무것도 안

하고 그대로 계신 것은 아니신가요? 단주는 님의 생활을, 그리고 님의 삶을 바꾸는 인생 최대의 프로젝트입니다.

그런데 이 커다란 목표를 위해서 아무것도 하지 않으면 어떻게 될까요? 아무것도 바꾸지 않으면, 아무것도 바뀌지 않습니다.

"그럼 무엇을 어떻게 해야 하는데요?"라구요?

그 대답이 바로 단주카페에 있습니다. 이미 단주에 성공하신 선배님들께서 매일 무엇을 하시는지, 그 글들에서 힌트를 찾으시기 바랍니다. 각자 자신에게 맞는 단주방법이 있습니다. 어떤 분께서는 매일 감사일기를, 어떤 분께서는 자신의 다짐을, 또 어떤 분께서는 일출사진을 올리십니다. 그러니 님께서도 자신에게 맞는 방법을 발견하셔야 합니다.

단주는 '그저 술을 참는 것'이 아닙니다.

그저 술을 참는 단주는 다가오는 술시가 두려워지고 하루하루가 고통입니다. 님의 단주를 성공으로 이끌 방법을 찾으신다면, 단주 성공의 확률은 높아집니다.

- All Life No Alcohol

CHAPTER 3

희망

무너지더라도 다시 일어서세요.
포기하지 않는 한 반드시 단주는 성공합니다.

천국과 지옥

님은 왜 단주하십니까?
님은 왜 단주하려고 하십니까?

"이러다 진짜 죽을 거 같아서요"
"가족이고 친구고 다 잃을 거 같아서요"
"알콜성 치매 올 거 같아서요"
"내 인생이 완전히 무너질 거 같아서요"

단주하고자 하시는 많은 분들이 말하는 단주의 이유는 바로 이 두려움과 절망입니다. 그러나 이 말들을 바꿔 말하면,

"이대로 죽고 싶지는 않아요"
"가족과 친구들을 지키고 싶어요"

"마지막 순간까지 온전한 나로 살고 싶어요"
"내 인생이 바닥으로 곤두박질치게 하고 싶지 않아요"

여기에서 볼 수 있는 단주의 이유는 바로 용기와 희망입니다. 누가 님의 손발을 꽁꽁 묶어두고 방에서 한 발자국도 나가지 못하게 단단히 감시하며 단주를 강행시키고 있습니까?

지금 당장 집 밖으로 걸어 나가 편의점으로 가기만 하면 술을 마실 수 있는데, 끊임없는 유혹과 지독한 금단증상을 견뎌내며, 스스로 단주하려고 하고 있는 이는 누구입니까?

어차피 "나는 단주해야 해"라고 마음에 정하셨다면, 두려움과 절망의 뒤에 있는 용기와 희망, 단주가 열어줄 새로운 일상에 대한 기대와 설레임을 바라보시기 바랍니다.

같은 상황, 같은 처지, 같은 환경에 있더라도 그곳을 어떻게 바라보느냐에 따라, 어떤 이에게는 천국이 될 수 있고, 또 어떤 이에게는 지옥이 될 수도 있습니다.

님에게 단주는 천국입니까? 지옥입니까?

- All Life No Alcohol

꽃

봄이 되니 여기저기 길가의 잡초까지도 모두 꽃을 피우고 있습니다. 님의 인생에서 꽃과 같았던 시기는 언제이셨나요?

저는 20대 초반입니다. 가장 빛나고 즐거웠지만 술도 아주 많이 마셨습니다. 20년 정도가 흐른 지금 그때를 되돌이켜 볼 때 만약 술이 없었다면 저의 삶이 어떻게 달랐을지를 생각해봅니다.

단주를 하고 있는 지금 저의 삶은 알찹니다. 매일매일에 후회와 자괴감이 없고, 온전한 나 자신으로 하루를 살아갑니다. 저의 삶에는 지금까지 한 번도 피지 못했던 꽃들이 만개해 있습니다. 이 꽃들은 언제나 저에게서 향기를 풍길 것이고, 영원히 시들지 않을 것입니다.

지금 님의 인생은 어떠하신가요? 님의 마음속에 있는 그 꽃씨는 싹을 틔웠나요? 꽃망울인가요? 이미 만개하였나요? 오늘 어딘가에서 꽃을 보신다면, 단주와 함께 펼쳐질 꽃밭과 같은 님의 삶을 그려보시길 바랍니다.

- All Life No Alcohol

두 가지 전쟁

지금까지의 제 인생에서는 두 가지 전쟁이 존재합니다.

[첫 번째 전쟁]

눈을 떠서 집을 나서면 혼자서 전쟁터로 향하는, 그런 시기가 저에게 있었습니다. 전쟁터가 가까워질수록 저의 눈빛이 날카롭게 변하였고, 그때는 사람들이 저에게 말을 걸기도 쉽지 않았을 것입니다. 엄청난 긴장과 스트레스, 그리고 고독 속에서 매일을 살았습니다. 버티기 위한 유일한 수단이 술이었습니다.

예정이 있는 날의 전날은 절대로 술을 마시지 않았지만, 예정이 없는 날은 오전부터 술을 마시는 일도 많았습니다. 왜 오전부터일까요? 아침 8시가 되어 전쟁터에 나가 혼자가 되면, 가만히 앉아 있지 못할 정도의 초조함이 저를 괴롭혔기 때문입니다. 마치 온몸을 벌레가 기어 다니는 것 같은 초조함이었습니다.

그때 저에게 있어서 제 자신은 적군이었고 술은 아군이었습니다. 숨 막히는 상황에서 탈출하고 싶은 제 자신을, 술을 이용해 그 자리에 꽁꽁 묶어두고 있었습니다. 매일 잠들기 전에는 스트레스로 인한 가려움증으로 피가 나도록 긁어서 다리는 항상 상처투성이였고, 정말로 겨우 하루하루를 살아가고 있는, 그런 일상이었습니다.

"행복??"

그게 뭔지 그때는 몰랐습니다. 제발 그냥 평범하게 사는 것이 저의 가장 큰 소원이었습니다.

[두 번째 전쟁]

첫 번째 전쟁이 끝나고, 저는 그저 조용히 살고 싶었습니다. 하루가 어떻게 지나가는지 모르고 무의미하게 사람들에게 감정을 소모하면서 예전의 아군이었던 술을 항상 제 곁에 두고 살았습니다.

그런데 아군이라고 믿었던 술이 어느 순간부터인가 제 삶을 지배하고 있다는 생각이 들기 시작했습니다. 제 시간과 건강, 마음, 심지어는 제 가족의 삶까지도 말입니다. 지금까지 아군이라 믿었던 술이, 사실은 저를 무너뜨리기 위한 스파이였다는 것을!! 깨닫게 된 순간이었습니다.

첫 번째 전쟁에서의 적군은 제 자신이었고, 아군은 술이었습니다. 그러나 두 번째 전쟁에서는 적군은 술이고, 아군은 제 자신입니다. 지금의 평생단주를 하면서 저는 '술과의 전쟁'을 선포한 것입니다. 그리고 그 전쟁에서 이기기 위한 가장 큰 아군은, 그 많은 상처를 가지고도 지금까지 나와 함께해온 제 자신입니다.

첫 번째 전쟁에서는 매일의 일상이 긴장과 한숨, 눈물과 저주였지만, 두 번째 전쟁에서는 매일의 일상이 평온과 감사, 기쁨과 축복입니다.

첫 번째 전쟁에서는 제 자신이 이기고 밟아야 하는 대상이었지만, 두 번째 전쟁에서는 제 자신이 아끼고 소중히 해야 하는 대상입니다.

지금까지의 님의 인생에는 어떤 전쟁이 존재합니까?
지금 님께서 싸우고 있는 적군은 누구입니까?
지금 님의 가장 큰 아군은 누구입니까?

- All Life No Alcohol

나는 왜?

'평생 동안 즐겁게 술을 마시는 사람들도 많은데, 하필 왜 나는 알코올 사용장애라는 몹쓸병인가'라고 자신의 운명을 저주하고 계신가요?

제대로 걷지 못하는 사람, 앞을 볼 수 없는 사람들이 있습니다. 그런데 님은 왜 앞을 볼 수 있으신가요? 님은 왜 자유롭게 걸으실 수 있으신가요?

지금 당장 앞을 못 보고 못 걷게 된다면 어떻게 하시겠습니까?

한국인의 사인 1위인 암은 나만의 힘으로 고칠 수 없지만, 알코올 사용장애는 내가 술을 마시지 않으면 더 이상 악화되지 않고 회복될 수 있습니다.

단주는 충분히 해볼 만한 싸움입니다.

지금까지의 지워버리고 싶은 그 운명의 저주를 풀 수 있는 유일한 방법이 바로 단주이니까요.

- All Life No Alcohol

님의 단주는 어떤 모습입니까?

님께서 단주를 희망하신다면
님의 마음속에는 단주가 존재합니다.

저의 단주는 다이아몬드보다 더 단단한 보석입니다.
그리고 활활 타오르고 있습니다.
그 불은 꺼질 줄을 모릅니다.
매일 단주카페에 글을 쓰며 연료가 충전되기 때문입니다.
저의 단주에는 유혹이 범접하지 못합니다.
가까이 오기만 하면 저의 단주의 불이 모조리 태워버립니다.

눈을 감고 생각해보세요. 님의 단주는 어떤 모습입니까?
마그마가 끓는 활화산과 같습니까?
혹하고 불면 지금이라도 꺼질 것 같은 촛불과 같습니까?

아무리 내던져도 깨지지 않는 보석과 같습니까?
만지기만 해도 으스러지는 모래성과 같습니까?

님의 그 소중한 단주를 매일 꺼내어 보시기 바랍니다.
어떤 모습을 하고 있는지, 보수점검이 필요한지,
매일 살피고 아껴주시기 바랍니다.
님의 단주는 아주 오래전부터, 그리고 지금 이 순간에도,
일분일초 한시도 님을 잊은 적이 없습니다.

- All Life No Alcohol

비가 내리는 날

비가 내리는 날
그들에게는 파전과 동동주가 생각나겠지만
우리에게는 따뜻한 차 한 잔과 잔잔한 음악이 생각납니다.

비가 내리는 날
그들은 시간이 어떻게 흘러가는지 알 수 없지만
우리는 평온한 시간의 흐름을 맛봅니다.

비가 내리는 날
그들은 취한 눈으로 비틀거리지만
우리는 맑은 정신으로 바로 섭니다.

비가 내리는 날

그들에게는 다음날이 숙취에 쩔은 더러운 아침이 되지만
우리에게는 다음날이 상쾌하고 맑은 아침이 됩니다.

비가 내리는 날은 누리시길 바랍니다.
단주가 선사해준 여유와 평화를…
단주가 선사해준 진정한 삶의 축복을…

- All Life No Alcohol

남이 먹는 모습을 보며
군침 흘리는 당신

남이 뭔가를 먹거나 마실 때
그 옆에서 군침을 질질 흘리며
넋을 잃고 쳐다보는 나 자신의 모습…
어떻습니까?

그런 자신을 상상하면
어떤 생각이 드시나요?
어떤 감정이 일어나시나요?

멋집니까?
당당합니까?
성실해 보입니까?

유능해 보입니까?
착해 보입니까?

물론 아니죠.
제가 그런 모습이라면,
'비굴하다'라는 단어가 적절할 것이라 생각됩니다.
자존심이라고는 한 조각도 남아 있지 않은
불쌍하다라고도 표현하고 싶은 그런 모습입니다.

남이 술을 마시는 장면을 바라보는 님의 모습은 어떠합니까?
혹시 비굴하거나 불쌍하지 않으십니까?
그런 모습을, 혹시 님을 정말로 아껴주셨던 그분이 보신다면 어떠할까요?

단주하시는 님은 어디에서든 당당하고 떳떳합니다.
인생을 스스로의 힘으로 바꾸신 님은 대단한 사람입니다.
쾌락의 나락에 빠진 일상이 아니라 고난의 가시밭길을 걷는 님은 용기 있는 사람입니다.

작아지지도 움츠려들지도 마세요
어깨를 펴고 자신 있게 앞으로 나아가시기 바랍니다.

- All Life No Alcohol

쓰다듬어 주세요

엄마가 아이들의 머리를 쓰다듬어 주는 장면
엄마가 아이들의 배를 쓰다듬어 주는 장면

어떠신가요?
생각만 해도 마음이 포근하고 평온해집니다.

오늘은
오랫동안 고생해온 나의 몸을
소중하게 쓰다듬어 주세요.

숙취에 고생했을 머리에 손을 얹어
따뜻하게 쓰다듬어 주세요.
술을 해독하느라 고생했을 배에 손을 얹어

부드럽게 쓰다듬어 주세요.

나의 머리는, 나의 배는
나에게 무엇이라고 말을 건넬까요?

단주는 진정으로 나를 아끼는 첫 발걸음입니다.

- All Life No Alcohol

토요일 일과의 변화
- 단주 전과 단주 후 -

[기상]

　*단주 전 : 늦다. 왜냐하면 금요일에 술을 마신 나는 잠을 제대로 이루지 못하기 때문에 늦게 잠들고 늦게 일어난다.

　*단주 후 : 빠르다. 왜냐하면 원래의 나는 할매체질이니까 빨리 자고 빨리 일어난다.

[아침]

　*단주 전 : 맥도널드에서 해결한다.
'주말에 왜 나만 못 쉬어?'라는 불만이 나에게 자리 잡고 있어서 주말에는 아무것도 하기 싫다.
　아침을 먹은 후에는 티비를 보면서 가족들 모두 뒹굴뒹굴한다.

그러고 난 후 나는 오늘 내일 먹을 안주들을 생각한다.

* 단주 후 : 팬케익을 굽거나 밥을 먹는다.

'오늘은 뭐 해먹을까? 무엇을 가족들이 잘 먹을까?'라는 기대가 나에게 자리 잡고 있어 주말에는 잔칫집 수준으로 요리를 하고 싶다.

아침을 먹은 후에는 산책을 하거나 공놀이를 하면서 가족들 모두 몸을 움직인다.

그러고 난 후 나는 오늘 내일 먹을 음식들을 요리한다.

[점심]

* 단주 전 : 외식을 한다.

밥을 먹고 나면 집에 와서 또 뒹굴거린다.

애들이 나가자고 해도 귀찮아서 싫다.

* 단주 후 : 내가 요리한 반찬으로 집밥을 먹는다.

밥을 먹고 나면 아이 공부를 봐준다.

애들이 나가자고 하면 마트도 가고 놀이터도 간다.

[저녁]

* 단주 전 : 집에 있는 걸로 대충 때우고, 나는 가족들이 저녁을 먹을 때 혼자 맥주를 마신다.

맘놓고 마실 수 있는 금토가 지나는 게 벌써 짜증난다.

* 단주 후 : 점심과 다른 메뉴로 저녁을 먹고, 나는 가족들이 저녁

을 먹을 때 부족한 것이 없는지 줄곧 챙긴다.

맘놓고 가족들과 시간을 보낼 수 있는 주말이 너무도 감사하다.

[취침]

* **단주 전** : 애들 양치질만 겨우 시키고 얼른 잠자리에 눕는다. 잠들려고 하면 물을 달라고 하는 아이에게 짜증을 낸다.

술냄새를 애들이 싫어해서 혼자 등돌리고 잔다.

* **단주 후** : 애들 양치질을 시키고 아이들에게 뽀뽀세례를 한다. 잠들기 전에 아이에게 물을 먹인다.

아이의 머리 냄새를 맡으며 아이를 안고 잔다.

단주를 한다고 해서 로또 일등에 당첨된 것처럼 극적으로 하루아침에 인생이 달라지지는 않습니다. 그러나 단주를 한다면 적어도 비참한 죽음을 향한 일방통행로에서 벗어나게 됩니다. 그리고 많은 사람들이 중병에 걸려 자리에 눕고 나서야 깨닫게 되는 평범한 일상의 감사와 축복은 덤으로 따라옵니다. 단주 후, 님의 삶이 어떻게 달라질 것인지 궁금하지 않으십니까?

- All Life No Alcohol

알고 계셨습니까?

알고 계셨습니까?
님이 얼마나 소중한 존재인지를 말입니다…

술을 많이 마시고 가장 힘들었던 그 시절, 신앙을 되찾았을 때 그동안 쌓아온 마음의 철탑이 모두 무너지고 말라 있던 눈물샘이 폭발한 이유는 '내가 사랑받는 존재이다'라는 것에 대한 깨달음이었습니다.

알코올 사용장애를 비롯한 중독행위를 설명하는 이론 중 하나가 '자학'입니다. 자신이 가진 모든 것을 잃고 결국에는 죽음을 향한다는 것을 알면서도 멈출 수 없는 것이 중독이기 때문입니다.

님이 이 세상에 태어난 것은 기적과도 같은 일입니다. 음주의 폐

해를 알면서도, 자신과 주변인이 죽든 말든 계속 술을 마시는 길도 있지만, 님은 단주라는 가시밭길을 택하셨습니다.

잊지 마세요…
님은 정말로 소중하고 현명하고 고귀한 존재입니다.

- All Life No Alcohol

뭐하러 힘들게
단주하려 하십니까?

뭐하러 힘들게 단주하려 하십니까?
그냥 숙취에 쩔은 더러운 아침이 내 일상이 되게 하면 될 것을…

뭐하러 힘들게 단주하려 하십니까?
그냥 가족이고 친구고 다 나를 저주하고 버리든 말든 상관하지 않으면 될 것을…

뭐하러 힘들게 단주하려 하십니까?
그냥 똥오줌 범벅이 되어 술병과 함께 나뒹굴면 될 것을…

뭐하러 힘들게 단주하려 하십니까?
그냥 성취감, 기쁨, 만족감 따위 내 일생에서 두 번 다시 느끼지 않아도 될 것을…

뭐하러 힘들게 단주하려 하십니까?
그냥 남은 일생 신나게 마시다가 골방에서 고독사해도 될 것을…

뭐하러 힘들게 단주하려 하십니까?
그냥 희망이고 꿈이고 더 나은 인생이고 내 사전에서 완전히 지워버리면 될 것을…

님은…
뭐하러 힘들게 단주하려 하십니까?

- All Life No Alcohol

우리 엄마가
언제부터인가 술을 안 마신다

우리 엄마가 언제부터인가 술을 안 마신다.

엄마가 술을 마시는 주말에 마트에 가면 당연하게 술과 안주를 샀는데,

지금은 한 번도 먹어보지 못한 신기한 야채와 내가 좋아하는 음식들을 산다.

우리 엄마가 언제부터인가 술을 안 마신다.

엄마가 술을 마신 날은
내가 목이 말라 잠을 자는 엄마를 깨우면 짜증을 내셨는데,
지금은 내가 일어나면 엄마도 어떻게 알고 바로 일어나 물을 갖다 준다.

우리 엄마가 언제부터인가 술을 안 마신다.

엄마가 술을 꼭 마시는 금요일 저녁에

나는 마트에서 산 저녁을 먹고 핸드폰을 했는데,

지금은 엄마가 요리한 저녁을 먹고 가족들과 TV를 본다.

우리 엄마가 언제부터인가 술을 안 마신다.

엄마가 술을 마시면 어느 날은 펑펑 울기도 하고 어느 날은 기분이 들떠 있었는데,

지금은 아무 일도 없는데 항상 즐거워 보이고 모든 것에 감사해하며 행복하다고 말을 한다.

우리 엄마가 언제부터인가 술을 안 마신다.

엄마가 술을 마실 때는 일주일에 한 번은 아빠와 꼭 말다툼을 했는데,

지금은 한 달에 한 번 말다툼을 할 때도 있고 안 할 때도 있다.

말다툼을 하면 며칠 동안 말을 안 했는데, 지금은 몇 시간 만에 금방 풀어진다.

우리 엄마가 언제부터인가 술을 안 마신다.

엄마가 술을 마실 때는 주말에는 대부분 외식을 하고 집에서 놀았는데,

지금은 아침 일찍 일어난 엄마가 팬케익을 굽고 떡을 찌고, 우리 가족은 밖에서 공놀이를 하고 자전거도 탄다.

우리 엄마가 언제부터인가 술을 안 마신다.

엄마가 술을 마시던 예전에는 기분이 안 좋거나 화를 내면 엄마는 그날 꼭 술을 마셨는데,

지금은 찬송을 틀어 놓거나 산책을 한다.

그리고는 어느새 기분이 풀어져 있다.

나는 우리 엄마가 술을 마시지 않아서 정말 기쁘다.

나도 어른이 되면 우리 엄마처럼 술을 마시지 않는 엄마가 되고 싶다.

자녀분이 계시다면, '내 아이는 나를 어떤 부모라고 말할까?'라고 자문해보시길 바랍니다.

님의 자녀가 바라는 부모가 되기 위해, 술은 정말로 님의 인생에서 필요한가요?

- All Life No Alcohol

선택권은 나에게 있다

우리의 인생은 선택의 연속입니다.

아침에 눈을 뜰 때 '5분만 더 잘까?' VS '바로 일어날까?', 아침밥을 먹기 전에는 '주말인데 간단히 때울까?' VS '주말인데 모처럼 요리할까?', 목이 말랐을 때도 냉장고 안에 있는 음료수들을 바라보며 무엇을 마실지의 선택이 또 우리를 기다립니다.

그렇습니다. 바로 님께서는 무엇을 할 것인지 어떤 길을 갈 것인지를 선택할 수 있는 권리를 가지고 계시다는 것입니다.

'어쩔 수 없이 단주를 하기 위해' 단주카페에 가입하셨나요? 하지만, 그것은 아마도 '어쩔 수 없이'가 아닙니다. 님의 인생과 주변인이 어떻게 되든 술을 계속 마시는 길도 있었지만, 님께서는 고되고 힘든 가시밭길인 단주를 선택하시고 카페에 가입하셨기 때문입니다.

우리의 인생에서는 마음대로 되지 않고 선택하는 것이 불가능한 것들도 있습니다. 부모, 유전자, 가정환경, 그러한 것들입니다. 그러나 확실한 것은 단주할지 아닐지를 선택할 수 있는 권리는 님에게 있다는 사실입니다.

'단주를 한다고 해서 내 인생이 얼마나 바뀌겠어?'
'한 번뿐인 인생인데 뭐 여기서 더 나아질 것도 없고, 그냥 즐겁게 마시자'
라는 생각이 있으신가요?

알코올 사용장애는 진행성 질환입니다. 그냥 그대로만 머물러 있으면 그래도 나을 텐데, 알코올 사용장애의 유일한 치유방법은 단주이고, 단주하지 않는 한 알코올 사용장애는 악화되어 갑니다.

알코올 사용장애는 브레이크가 고장 난 자동차와 같습니다. 속도를 제어할 수 없고 마지막에는 자기 자신뿐만 아니라 그 누군가의 인생과 목숨도 함께 앗아갈 수 있습니다.

단주를 한다고 해서 님의 인생이 크게 바뀌지는 않을 것이라고 생각하실지도 모릅니다. 하지만 사실은 브레이크가 고장 난 자동차가 다행히도 멈춰 섰고, 더 이상 자기 자신과 주변인을 다치게 할 위험성이 사라졌다는 것을 의미합니다.

1등 당첨을 꿈꾸며 복권을 사는 것보다, 훨씬 더 빠르고 확실하게 님의 인생을 바꿀 수 있는 방법은 단주입니다. 그리고 님께서는 스스로의 인생의 방향을 선택하실 수 있는 권리를 가지고 계십니다. 그 권리를 어떻게 쓰시겠습니까? 님의 결단은 님뿐만 아니라 가족의 인생까지도 결정할 수 있습니다.

용기내시고 결단하세요!!
단주는 100% 후회 없는 선택입니다.

- All Life No Alcohol

나에게 남겨진 시간은 얼마일까?

몇 년 전에 저는 충격적인 부고를 전해 들었습니다. 저보다 나이가 어린 지인의 사망소식이었습니다. 아무런 지병도 없었는데 하루 아침에 어린아이들을 남기고 이 세상을 떠났다고 했습니다.

이 글을 읽으시는 님은, 자신에게 남겨진 시간이 얼마나 되는지 생각해보신 적 있으신가요? 몇 십 년? 몇 년? 몇 달? 아니면 며칠?

한국인의 평균수명은 83세,
알코올 사용장애 환자의 평균수명은 약 50세입니다.

단주는 어렵습니다. 정말로 지긋지긋할 정도로 고통스럽습니다. 하지만 포기하지 않으신다면, 단주는 반드시 성공합니다.

믿으세요. 단주의 끈을 절대로 놓지 마세요.
넘어지더라도 다시 일어나세요.

님께서 아무리 아니라고 말씀하셔도
님의 마음속에는 이미 '단주'라는 빛나는 보석이 존재합니다.

용기내세요!
결단하세요!!
다시 일어나세요!!!

생각날 때마다 주문을 외우세요.

"나는 해낼 수 있다"
"나는 술 따위에게 내 인생을 절대로 내어주지 않을 것이다"
"나는 무슨 일이 있어도 포기하지 않을 것이다"
"나는 지지 않을 것이다"
"나는 반드시 행복해질 것이다"

- All Life No Alcohol

님에게도 있습니다

지금 눈을 감고 들여다보세요. 님의 마음속 한 곳에 자리 잡고 있는 '단주'가 보이시나요?

'단주'는 우리 모두에게 있습니다. 마치 다이아몬드의 원석과도 같은 존재, 그것이 '단주'입니다. '단주'는 그 어떤 것들보다 더 큰 값어치를 가지고 있으며, 평생 동안 마음속에서 사라지지 않습니다.

'단주'는 매일 꺼내어 보면서 관리해야 합니다. 그렇지 않으면 먼지가 쌓여 그냥 돌덩어리가 되고 맙니다. '단주'를 하루하루 갈고 닦으면 빛이 나고, 더욱더 견고해지기까지 합니다.

견고한 '단주'의 빛은 아주 눈부시기에, 다른 사람들에게도 그 빛이 전해집니다. 빛나는 '단주'를 본 사람들은, 그들의 마음속에 있는 자신의 '단주' 또한 찾게 됩니다. 새로운 단주의 빛이 더해질 때 '단주'는 더욱더 휘황찬란하게 빛을 발합니다.

지금 님의 마음속에 있는 '단주'는 빛을 발하고 있나요?

- All Life No Alcohol

오늘은 하늘을 올려다보세요

언젠가 비행기를 타기 전에 저는 참으로 마음이 좋지 않았습니다. 우중충한 제 기분처럼 하늘도 온통 먹구름으로 가득했습니다.

비행기가 이륙하면서 그냥 멍하니 창밖을 바라보았습니다. 하늘을 메꾼 그 먹구름 속으로 비행기는 한 치의 망설임도 없이 솟아올랐고, 창밖에는 이내 파란 하늘과 빛나는 태양이 눈부셨습니다.

지상에선 제 눈에는 온통 먹구름밖에 보이지 않았지만, 그 먹구름 위에서 태양은 불타오르고 있었던 것입니다.

지금은 한 치 앞이 보이지 않고 막막하더라도, 용기를 내서 앞으로 나아가세요. 언젠가 그 눈부시고 찬란한 태양빛이 님의 인생 위로 쏟아질 것입니다.

무너지더라도 다시 일어서세요.

포기하지 않는 한 반드시 단주는 성공합니다.

- All Life No Alcohol

내가 못할 이유가 뭐야?

저는 원래 100미터만 뛰어도 호흡곤란이 와서 러닝을 한다는 건 엄두도 내지 못하는 사람이었습니다.

그런데 어느 날 지인으로부터 10킬로를 뛴다는 이야기를 들었습니다.

"10킬로?? 10킬로를 뛴다고?!???"

이 대화 후 왠지 저에게 '나라고 왜 못해?!'라는 오기라고도 할 수 있는 생각이 떠올랐습니다. 다음날 저는 무작정 그냥 뛰어보았습니다. 1킬로에 8~9분 정도 아주 천천히, 그렇게 4킬로를 뛰었습니다. 2킬로를 뛰어가서 다시 2킬로를 되돌아오는 것입니다.

일주일쯤 후에 저는 8킬로를 뛰었습니다. 그리고 그 다음 주에는

10킬로를 뛰고 있었습니다. 저의 러닝은 5킬로만 뛰면 됩니다. 5킬로만 열심히 뛰면, 기어서라도 5킬로를 다시 되돌아와야 하기 때문에 결과적으로 10킬로가 되는 것입니다. 만약 1킬로를 10바퀴, 이렇게 하면 10킬로를 모두 뛰기는 어려웠을 것입니다.

저의 러닝을 가능하게 해주는 또 한 가지 방법은 거리와 소비 칼로리, 시간을 음성으로 알려주는 핸드폰 어플과 함께한다는 것입니다. 저 혼자서 뛰는 고독한 싸움이 아닙니다.

처음 단주를 시작했을 때 100일, 1,000일을 넘게 단주하시는 선배님들을 보면서 저는 아무런 자신도 확신도 없었습니다. 그렇게 시작한 단주가 어느덧 반년을 넘었습니다. 어른이 되면 술을 마시는 것이 당연하다고 생각하고 20년을 넘게 술과 함께해온 제가, 임신과 수유 때를 제외하고 스스로의 의지로 이렇게 단주를 한 것은 처음입니다.

저에게는 단주 마라톤을 같이 뛰는 친구들이 단주카페에 있습니다. 저는 오늘도 그들과 함께 즐겁게 수다를 떨며 단주 마라톤을 달리고 있습니다.

- All Life No Alcohol

단주로 본래의
나를 만날 수 있습니다

단주 후 저는 스스로에게 주는 선물로 오랜만에 미용실에 갔습니다. 그날 제 옆자리에 진상 손님이 앉아 있었습니다. 머리를 해주시던 선생님께서 기분이 나쁘신 게 느껴졌고, 그 사람의 말을 듣는 저도 기분이 불쾌해질 정도였습니다.

그런데 사실 저는 그 사람을 보면서 예전의 저를 떠올렸습니다. 저는 식당에 가서 음식이 맛없으면 종업원에게 따지거나 "음식이 어쩜 이렇게 맛없냐"며 남편에게 화를 내는 사람이었습니다. 그때는 나의 기분, 나의 권리에 대해서만 생각하고 내가 화를 낸 상대방의 기분과 감정까지는 생각을 하지 못했던 것 같습니다.

술은 취해서 문제를 일으킬 때만 나쁜 것이 아닙니다. 장기적으로 대량의 알코올을 섭취하면 성격과 인격이 변합니다. 그리고 술을 마셨건 안 마셨건 일상생활 전반에 있어서 스트레스를 견디는 힘과 참을성이 약해지고, 내가 아닌 누군가를 배려하지 못하게 만듭니다.

"님은 원래의 자신이 어떤 사람인지 정말로 아시나요?"

아마도 단주만이 그 답을 알려줄 수 있을 것입니다.
단주 후 만나게 될 진정한 나의 모습, 기대되지 않으십니까?

- All Life No Alcohol

흑역사 or 기회

언제부터인가 단주를 하고 싶다는 생각이 제 안에 있었습니다. 하지만 단주에 대한 큰 의지와 마음가짐은 없고 '언제든 다시 마실 수 있다'라는 생각이 있었기 때문에, 단주에 제대로 성공해본 적이 없었습니다. 일주일조차 단주를 잇지 못했습니다.

그러나 저는 지금 평생단주를 하고 있습니다. '평생단주'는 이제 더 이상 술을 마실 필요가 없고, 앞으로의 제 인생에는 술이 없다는 것을 의미합니다. 일주일조차 단주에 성공하지 못하던 제가 평생 단주에 성공하게 된 계기는, 엄마가 된 후 처음이자 마지막으로 경험한 블랙아웃이었습니다. 블랙아웃의 경험을 갖지 못했다면, 아마 저는 지금도 단주에 성공하지 못했을 것이라 생각됩니다.

단주카페에 가입하신 분들께서도 음주로 인한 큰 실수를 경험하신 후에 단주의 결의를 글로 남기시는 이들이 많으십니다. 하지만 큰 실수를 경험한 직후의 후회와 자괴감이 100이라고 한다면, 다음 날은 80, 그 다음날은 60, 그리고 그 다음 주에는 다시 술잔을 기울이고 있을지도 모릅니다. 그렇게 글을 남기신 많은 분들이 나중에는 카페에서 보이지 않게 되는 이유가 이 무서운 망각의 힘 때문이라고 생각됩니다.

술로 인해 저지른 실수로 지금 후회와 자괴감을 가지고 계십니까? 아마도 그 후회와 자괴감 역시 망각의 힘으로 시간과 함께 사라져갈 것입니다. 그리고 님께서는 또다시 같은 실수, 아니면 그보다 더한 실수를 저지르게 되실 것입니다. 이를 막기 위한 방법은 단 한 가지, 단주입니다.

님께서는 그 실수를 흑역사의 한 페이지로 끝내시겠습니까? 아니면 평생단주의 기회로 삼으시겠습니까?

- All Life No Alcohol

불씨

단주카페에 가입해서 놀랐던 글들이 있습니다. 누군가의 부고입니다. 많은 사람들이 즐겁게 마시는 그 술 때문에 실제로 목숨을 잃는 사람들이 있다는 사실을 알고는 소름이 돋았으며 분노를 느꼈습니다.

삶이 철저하게 망가지고 일그러지고, 친자식으로부터 "제발 빨리 죽었으면 좋겠다"라는 소리를 들으면서 비참하게 맞이하는 생의 마지막 순간들, 이 세상에 태어날 때에는 귀하고 귀한 생명이었을 텐데 너무도 잔인합니다.

드라마, 영화 어디에서든 즐겁게 술잔을 기울이는 음주 장면이 TV를 틀기만 하면 쉽게 볼 수 있습니다. 맥주, 소주 회오리바람인지 뭔지를 원샷으로 몇 잔이나 들이켜고 다음날 아무렇지도 않게 회사에 출근하는 모습, 현실 세계에서는 사실인가요?

술로 처참하게 망가져 가는 인생, 술 때문에 죽어가는 수많은 목숨들, 술의 폐해와 무서움은 왜 TV에서 보기 힘든 건가요? 도대체 언제까지 얼마나 더 많은 목숨들이 사라져야 우리나라가 바뀔 수 있는 것일까요? 아니, 우리나라는 바뀔 수는 있을까요?

술은 떡이 되어 행패를 부릴 때에만 문제가 되는 것이 아닙니다. 술을 마시든 안 마시든, 취해 있든 맨정신이든 흐르는 모든 시간을 술은 당신을 컨트롤합니다.

'내 삶에서 술이 없어진다면…'

술이 없는 삶을 상상하실 수 있으십니까? 기쁠 때, 슬플 때, 화날 때, 열받을 때, 어느 장면에서든 술이 함께해왔다면, 술이 없는 삶을 상상할 수가 없다면, 술에 삶을 지배당하고 있다는 증거입니다.

님의 단주가 작은 불씨가 될 것입니다. 이 글을 쓰는 저의 단주 또한 그러합니다. 이 작은 불씨들이 퍼지고 퍼져 칠흑의 대한민국을 밝히고 이 나라가 술독에서 헤어나와 맨정신으로 바로 서기를, 언젠가 그런 날이 반드시 오기를 기도드려 봅니다.

- All Life No Alcohol

다 쓰지 못했습니다

스트레스에 약해짐	기억력 저하	초조, 불안
결장암	성학대	교통사고
식도암	발기부전	심질환
쉽게 화를 냄	두경부암	불면증
업무능력 저하	우울증	가족불화
위궤양	추락사고	조울증
정서학대	베르니케 뇌증	섬망
치매	다른 의존증	자살
뇌혈관장애	대퇴골두무혈성괴사	고지혈증
성범죄	식도염	식도정맥류
간암	유방암	뇌의 위축
소뇌장애	알코올이탈경련발작	공황장애
방임	음주운전	대장암

설사	거짓말	위염
위암	감정조절력 저하	간염
간경변	십이지장궤양	흡수장애
소장염	부정맥	췌염
식도정맥류파열	통풍	고혈압
지각, 결근	실직	가정폭력
폭언	신체학대	이혼
절도	폭력사고	심근증
빚	알코올 사용장애	주의력 저하
지방간	인격장애	별거
기억장애	골다공증	도박
인간관계 불화	난소기능부전	골절
넘어짐	십이지장염	불안장애
근력 저하	당뇨병	말초신경장애

술은 정말로 생명수입니까?

- All Life No Alcohol

맺음말

저는 대학원 시절 술을 아주 많이 마셨습니다. 그 시절을 표현하자면 '지옥'이었다고 말하고 싶을 정도로, 살아있어도 사는 것 같지 않은 시간이었습니다. 스트레스 해소의 수단이라고 하기보다는, 술을 마시지 않았다면 정말로 견딜 수가 없었습니다. 그 당시 제가 병원에 갔다면 아마도 알코올 사용장애라는 진단을 받았을지도 모릅니다.

대학원 졸업과 임신출산을 계기로 3년 정도 단주를 하였고, 그 후에는 육아를 하면서 일주일에 한두 번, 500밀리 캔맥주 두 개가 항상 제가 마시는 양이었습니다. 그렇지만 스트레스를 받으면 일주일에 한 번만으로 정했던 음주 횟수가 세네 번이 되기도 하고, 캔맥주 두 개가 세 개로 늘어나려 하고 있었습니다.

술은 여러 가지로 저를 불편하게 했습니다. 우선은 술을 마시는 날은 제가 원하는 육아를 모두 할 수 없게 되고, 밤새 잠을 제대로 잘 수 없었습니다. 그래서 캔맥주 두 개를 마신다고 해도 다음날은 컨디션이 100%가 아니기 때문에 피곤함과 귀찮음으로 가족들과 주말을 마음껏 즐길 수 없게 됩니다. 그래서 저는 술을 마시면 항상 죄책감과 후회, 자괴감이 들었습니다. 언제부터인가 술을 끊어야겠다는 생각이 들기 시작했습니다.

제가 단주카페라는 것을 알고 가입한 것은 불과 몇 년 전이었습니다. 카페에 가입해서는 몇 번인가 글을 쓰기도 했지만 적극적인 활동은 하지 않았습니다. 단주는 제 머릿속에 있었고 시도는 했지만 번번이 실패했습니다. 단주가 안 되니 절주를 하기로 했지만, '술을 완전히 끊을 필요는 없어'라는 생각이 저에게 존재하였기에 절주도 잘 될 리가 없었습니다. 이때의 단주는 사실 단주라고도 부를 수 없고, '억지로 술을 참는 것'에 불과했습니다.

2021년의 마지막 날, 저는 지인들을 불러 망년회를 하였는데, 결혼 후 처음으로 블랙아웃을 경험하였고, 이것은 저에게 굳은 단주를 결심시키는 계기가 되었습니다.

그렇게 2022년 새해 첫날부터 저는 첫 번째 단주를 시작하였습니다. 음주사고를 깨부수기 위해 [음주가 나에게 주는 손해와 이득], [내가 술을 끊어야 하는 이유], [술을 마시지 않는 나를 칭찬하기] 등의 워크시트를 매일 작성하였습니다. 한 달도 채 작성하지도 않았는데, 예전에 술을 참기만 하였던 때와는 달리 너무도 간단하게 단주에 성공하였습니다.

그런데 다섯 달 후에 저는 다시 술을 마셨습니다. 술을 많이 마시지는 않았지만, 술을 마시면 여전히 잠을 이루지 못하였고 후회와 자괴감이 들었습니다. 그리고 나서 또다시 몇 달 후인 어느 날 저녁, 가족들과 외식을 하러 갔다가 와인을 잘못 주문해서 한 잔이 아니라 한 병이 나왔습니다. 가족들과의 식사자리였기 때문에, 원래는 한 잔만 마실 계획이었지만 와인 한 병을 다 비워버린 것입니다. 집으로 돌아와 잠을 한숨도 이루지 못하면서 단주카페에 글을 썼습니다. 그리고 그 다음날부터 지금까지 이어온 마지막 단주가 시작되었습니다.

2022년 저의 첫 번째 단주와 마지막 단주에는 큰 차이가 있습니다.

1. 단주카페 활동

첫 번째 단주 시, 저는 카페 활동을 하지 않았습니다. 그러나 마지막 단주를 시작하고 나서는 매일 카페에 출석체크를 하며 글을 썼습니다.

2. 스트레스 관리

첫 번째 단주 시, 저는 제가 항상 술을 마시게 되었던 스트레스 상황에 대한 대처를 하지 않았습니다. 저는 주로 아이에게 공부를 가르치다가 화가 솟구친 날, 술을 마셨습니다. 첫 번째 단주가 깨지고 술을 다시 마신 날도 아이의 공부를 가르치다가 폭발한 날이었습니다.

마지막 단주를 시작한 이후로, 저는 아이의 공부를 가르치다가 폭발하는 일이 없어졌습니다. 아이가 공부하다가 힘들어하는 패턴의 원인이 아이의 잘못이 아니라 저의 교육방식에 있음을 깨달았고, 그것들을 수정하였기 때문입니다. 술을 마시던 시절의 저는 스트레스의 원인을 아이에게로 돌리는 사람이었습니다.

3. 음주사고의 철저한 지배

첫 번째 단주에서 저는 음주를 합리화시키는 음주사고를 컨트롤하기 위해 워크시트를 작성하였지만, 얼마 안 되어 그 작업이 이제 불필요하다고 느껴서 그만두었습니다.

저에게 술을 마시게 하려는 음주사고는 TV, 마트, 주변인, 여기저기의 모든 것들을 이용해서 항상 저를 공격해왔습니다. 그러나 단주를 유지하기 위한 아무런 작업도 계속하지 않았기 때문에, 저의 단주 장벽에는 조금씩 금이 가고 있었습니다. 아이의 공부를 가르치다 폭발했다는 것은 그저 비겁한 변명거리에 불과했던 것입니다.

마지막 단주에서 저는 음주사고를 철저하게 컨트롤하고자 하였습니다. 이를 위해서 워크시트 작성뿐 아니라 단주카페에 글을 쓰는 일이 제대로 효과를 발휘하였습니다. 매일 글을 쓰면서 일상생활에 대해 돌아볼 수 있었고, 단주를 성공시키기 위해서는 어떻게 생각과 행동을 개선하여야 하는지 연구할 수 있게 되었습니다. 음주사고는 끊임없이 저를 공격해오지만 단 몇 초도 버티지 못하고 사라집니다. 뿐만 아니라 매일 단주카페 회원님들의 칭찬과 응원과 격려를 받고, 댓글을 달면서 단주의지는 더욱더 갈고 닦입니다. 이제는 하루에도 몇 번씩 조금이라도 금이 간 곳이 없는지 저의 단주장벽을 체크할 수 있게 된 것입니다.

이렇게 해서 저에게 있어
단주는 [술을 참는 것이 아니라 [술을 마실 필요가 없는 것이 되었습니다.
술은 [생명수]가 아니라 [나와 가족들을 불행하게 만드는 적]이 되었습니다.
'어떻게 평생 동안 술을 한 방울도 안 마셔?'라는 생각이 '몸에 나쁜 술을 내가 왜 마셔?'가 되었습니다.
'왜 나만 마시면 안 되는 거야?'라는 생각이 '단주를 할 수 있어서 나는 행운이다'가 되었습니다.

그리고 평생단주가 저에게 손을 내밀었습니다.
'이제 드디어 때가 왔어!!'라구요… 저는 그 손을 얼른 잡았습니다. 놓치면 아마 두 번 다시 기회가 오지 않을 것 같았습니다.

단주 전의 저의 삶은 하루하루가 쳇바퀴를 도는 다람쥐와 같았지만, 단주 후는 하루 24간 1분 1초가 소중하고 감사하고 감동적입니다. 단주는 저에게 새로운 인생을 선사해준 것입니다. 단주하니 너무 좋아서, 이 좋은 걸 저 혼자 알고 저 혼자 누리기에는 안타까울 정도입니다.

지금 님의 삶은 어떠하십니까? 재미없으십니까? 꽉 막혀버린 느낌이십니까? 무덤덤하십니까? 되는 일이 없으십니까? 지루하십니까? 화나십니까? 우울하십니까? 불안하십니까? 인생이 앞으로는 바뀌기를 원하십니까? 어쩌면 단주가 그러한 삶에서 벗어날 수 있는 한 가지의 방편이 될지도 모릅니다.

저와 함께 단주하지 않으실래요?

- All Life No Alcohol

2023년 5월

저자 **이국희**

감사의 말씀

저를 항상 응원해주는 친정식구들, 시댁식구들 그리고 남편과 두 딸에게 사랑과 감사의 말씀을 전합니다.

이 책이 나올 수 있도록, 제가 카페에 글을 쓸 때마다 항상 칭찬과 격려를 아끼지 않으시는 단주카페 회원님들에게 깊은 감사의 말씀을 전합니다.

그리고 천국에서 저를 지켜주시는 아버지 이춘성님께 감사의 말씀을 전합니다.